쉽고 재미있게 배우는 살아 있는 경제원리

싱싱 경제학

저자_ **첸로 청**

첸로 청은 퀼른 대학에서 국민경제학과 정치학, 중국학, 철학을 전공하고 국민경제학 분야의 디플롬을 취득했다. 현재 IT업계의 혁신경영 및 프로젝트경영 분야에 중점을 두고 프리랜서 기업컨설턴트로 일하고 있다.

번역_ **강희진**

한국외국어대학교 통역번역대학원 한독과 졸업. 번역서로는 『작은 벤치의 기적』, 『카프카 작품선』, 『여자의 심리학』 등이 있다.

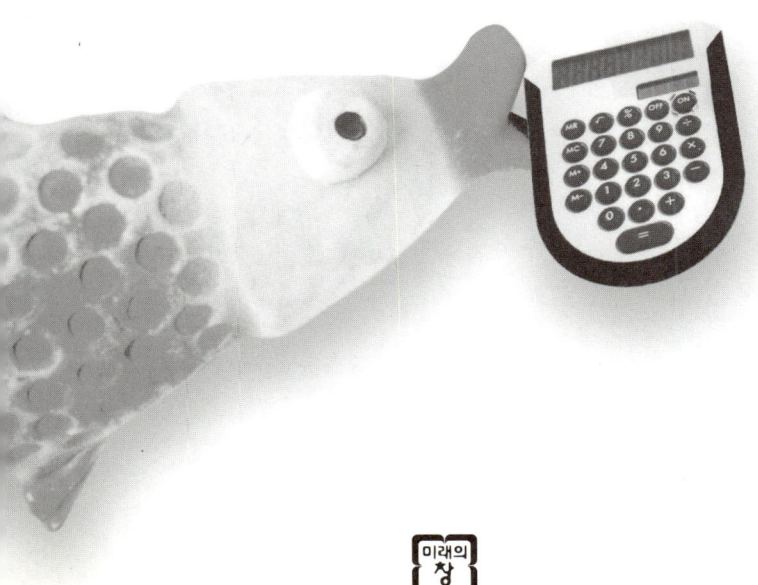

Valeries

FISH RESTAURANT

쉽고 재미있게 배우는 살아 있는 경제원리

싱싱 경제학

첸로 청 지음 | 강희진 번역

미래의
창

경제란 이런 것

당신에게 호기심과 돈이 있었기에 이 책을 샀을 것이라고 생각됩니다. 이 책을 통해 경제를 꿰뚫어볼 수 있는 지식을 배울 수 있기를 바라고 있겠지요. 지금 당신과 나는 돈과 지식을 맞바꾸고 있습니다. 이 거래를 통해 당신도, 나도 이익을 얻을 것입니다. 거래를 하지 않았다면 얻지 못할 이익이지요. 그것이 바로 경제입니다.

경제활동은 다양한 시장에서 일어납니다. 당신과 나는 지금 막 도서시장에서 만난 것이겠군요. TV를 보다가 웃음이 터진 순간이 있으셨나요? 그렇다면 당신은 그때 오락시장에 머물렀던 것입니다.

이렇듯 우리는 생활 속에서 알게 모르게 다양한 시장에 발을 들입니다. 시장에서는 돈과 상품, 혹은 돈과 서비스의 맞교환이 이뤄지지요. 그러한 거래가 활발할수록 경제가 발전하고

복지수준도 높아집니다. 경제의 세계에서는 지금 이 시간에도 기발하고 매력적인 상품과 서비스가 셀 수도 없을 만큼 출시되고 있습니다. 북극 상공을 떠도는 비행기 안에서의 송년파티나 로즈오일 발 마사지, 혹은 청개구리의 울음소리가 담긴 CD 등 상상하기조차 어려운 상품들이 실로 무궁무진합니다.

그런데 안타깝게도 환금성을 지닌 능력이 전혀 없는 사람, 있다 하더라도 그 수준이 미미한 정도에 지나지 않는 사람이 있습니다. 그들은 사회의 도움에 의존할 수밖에 없고, 사회가 도움을 요청하는 그들을 외면해서도 안 됩니다. 신이 아닌 이상 돈 없이 살아갈 수 있는 이는 아무도 없으니까요.

그러나 능력 있는 자, 야심찬 자, 자신감을 지닌 자들에게 경제계의 모든 문들은 예나 지금이나 활짝 열려 있습니다.

경제의 세계에 오신 것을 진심으로 환영합니다!

목차

프롤로그

경제는 한편으로는 일상생활의 일부이지만 다른 한편으로는 가깝고도 먼 것이다. 자식한테 금붕어를 사주는 아버지는 많지만 그와 동시에 애완동물 시장의 성장률을 논하는 아버지는 드물다. 그런 의미에서 경제는 가깝고도 멀리 있는 듯하다.

경제는 사실 어려운 것이 아니다. 하지만 경제 전문가나 경영인에게 경제계에서 일어나는 일에 대해 물어보는 것은 그다지 현명한 방법이 아니다. 물어보는 즉시 알아들을 수 없는 전문용어들을 늘어놓을 것이 뻔한데, 듣는 이로서는 설명을 듣기 전이나 들은 후에나 알쏭달쏭하기는 매한가지이다. 솔직히 '효율적 자원배분을 위해서는 변화하는 상대적 부족률에 대한 지표가 필요하다' 라는 말을 누가 이해하겠는가? 듣는 것만으로도 끔찍하다. 같은 말을 쉽게 풀어보면 모두가 열심히

일해서 성공해야 전체가 나눠가질 양이 커진다는 뜻이다.

경제는 기본적 이해능력만 있으면 누구나 파악할 수 있는 것이다. 이 책에서 나는 경제가 지닌 기회와 승자들에 대해 이야기하겠지만 그 안에 숨은 위험과 패자에 대한 이야기도 빠뜨리지 않을 것이다.

미리 한 가지 고백하자면 나도 전문용어를 완전히 비껴갈 수는 없다. 하지만 생소한 용어가 나올 때마다 설명도 덧붙여서 독자들의 이해를 최대한 돕고자 한다. 축구선수가 자신의 종목에 대해 이야기하면서 수비, 공격, 골 같은 용어를 피해갈 수는 없겠지만 우리 같은 일반인이 굳이 뒤축으로 차기, 인사이드로 감아 차기, '콧발'로 차기 같은 표현까지 공부할 필요는 없다는 점을 독자들도 충분히 이해하리라 믿는다.

책을 다 읽은 다음의 평가는 독자마다 다를 것이다. 매우

흥미롭다는 독자도 있을 것이고, 그저 그렇다거나 비판적인 독자도 있을 것이다. 어떤 평가를 내리든 간에 모두들 경제계가 어떤 원리에 따라 돌아가는지, 경제계에서 어떤 일이 벌어지고 있는지, 나아가 왜 그런 일이 벌어져야 하는지 등에 대해서 조금은 더 알게 되리라 기대하고 희망한다.

물론 이 책이 기적을 약속할 수는 없다. 단 10일 만에 꿈꾸던 직업을 갖게 해 주지도, 20일 만에 노후연금을 두 배로 불리는 비법을 전수해 주지도, 일하지 않고 30일 만에 백만장자가 되는 방법을 알려주지도 않는다. 그런 것들은 할리우드 영화에서나 가능한 일이다.

CHAPTER 1

아침, 욕실에서

뭐든 다 좋아, 경제만 빼고 말이지! 매일 아침 레옹은 욕실에 들어갈 때마다 버릇처럼 라디오를 켠다. 하지만 경제뉴스가 나올라치면 금세 채널을 돌려버린다. 어쩌다가 그러지 않을 때도 있다. 면도에 집중하다보니 어쩔 수 없이 그냥 듣는 것이다. 오늘은 경제 전문가인 '나잘난' 박사께서 "실업률, 국가부채, 사회시스템상의 위기 등은 정부의 지나친 개입과 경쟁 제한이 초래한 결과입니다"라고 말하고 있다.
그러자 또 다른 경제 전문가인 '더잘난' 박사는 "정부만이 모든 것을 제자리로 돌려놓을 수 있어요. 그러나 그렇다고 해서 극단적인 신자유주의를 도입해서는 절대 안 되겠지요"라고 응수한다.

나잘난 박사와 더잘난 박사! 저 작자들은 당최 정상인처럼 말하는 법을 모른단 말씀이야! 레옹이 마음속으로 생각한다. 아무튼 간에 저놈의 끔직한 전문용어들이 문제야, 문제! 마음 같아서는 저 잘난 경제 전문가들을 모조리 세면대에 몰아넣고 수도꼭지를 틀어 싹 쓸어내리고 싶군.

아침을 먹으면서 레옹은 그날 신문의 헤드라인들을 훑는다. 신문에는 '기록적 이윤에도 불구, 대규모 구조조정을 단행하는 대기업들'이라고 적혀 있다. 레옹은 이해할 수 없다. '이거, 대체 어쩌자는 거야? 물론 높으신 분들이야 벌써 거금을 손에 쥐었겠지? 그래 놓고도 자기 식구들을 밖으로 내동댕이치겠다는 수작 아냐?' 분노가 치밀어 오르지만 화만 내고 앉아 있을 여유가 없다. 지각하기 싫으면 지금 당장 출발하라는 소피(Sophie)의 잔소리가 늘어진다. 사실 소피는 경제 이야기만 나오면 금세 발끈하는 남편을 지켜보는 것이 재미있어서 더 두고 보고 싶지만 직장에 늦지 않도록 배려한 것이다.

출근길에도 경제에 대한 생각이 레옹을 놓아주지 않는다. 내가 그놈의 경제 때문에 이렇게 열을 올리고 있기는 하지만 사실 그 울타리를 벗어날 수 있는 사람은 아무도 없잖아? 홧김에 다 때려치웠다가 입에 풀칠도 못하면 어떡하라고? 아니, 끼니 걱정이 없다 하더라도 일이 없는 삶은 얼마나 따분할까? 뭐, 생각해 보면 양식기를 만드는 회사에 다니는 것이 그다지 나쁜 건 아니지. 일도 재미있고 우리 제품을 찾는 고객들도 많다니, 다행이지 뭐야.

에고, 어쨌든 오늘도 조금 있으면 사장 얼굴부터 봐야겠군. 사실 직원들끼리는 사장이라 부르지도 않는데 사장이 그 사실을 짐작이나 할까? 솔직히 사장한테는 '마요르카 섬의 드라큘라 백작'이라는 별명이 더 어울려. 포크와 나이프를 생산해서 거금을 벌어들이면서 직원들한테 주는 월급은 쥐꼬리만도 못하잖아? 기생충이 따로 없다니까! 주말마다 그 인간은 마요르카에 있는 별장에 간다지? 아마도 그림 같은 지중해의 풍경이 눈앞에 펼쳐질 거야…….

이쯤에서 레옹은 다시금 미궁 속으로 빠져든다. 왜 내가 아니라 그 작자가 사장이어야 하지? 사장은 포르쉐를 모는데 왜 나는 포드나 타고 다녀야 되지? 드라큘라 백작은 돈을 쌓아놓고 살아서 노후 걱정 따위는 할 필요도 없는데 왜 나는 자동차 할부금을 갚느라 푼돈에 벌벌 떨어야 할까? 이놈의 고물 포드만 벌써 5년째야. 나도 이젠 아우디로 갈아탈 때가 됐단 말이지. 친구들 중에서도 포드를 모는 사람은 나밖에 없어. 그녀석들, 분명 내 등 뒤에서 험담을 해댈 거야, 아직도 고물차에서 못 벗어나는 못난 놈이라고 말이야.

얼씨구, 저건 또 뭐야? 저기 저 사거리 모퉁이 플래카드에 대체 뭐라고 적혀 있는 거야? '똑똑한 포트폴리오 전략으로 재산을 늘리세요.' 오호라, 또 한 분의 전문용어께서 납시었군. 아무튼 간에 이놈의 경제용어들은 왜 자꾸 내 주변을 어슬렁거리며 괴롭히는 거냐고! 아니야, 아니야, 침착해야 해, 화내서 득 될 것이 뭐가 있어, 내 혈압만 올라갈 뿐이지. 자, 침착하자, 숨을 깊게 들이쉬고.

그런데 매니저, 아니 경영자라 불러야 하나, 사장이 맞는 표현인가? 에라 모르겠다, 뭐라 불리든 내 상관할 바 아니지.

어쨌든 그 인간들은 다들 자기가 무슨 특별한 사람이라도 되는 줄 안다는 말씀이야. 직원들이 뭘 해야 하고 뭘 해서는 안 되는지 자기들 다 안다고 생각하지. 돈 냄새, 성공의 냄새를 풍기며 으스대는 꼴이란! 자기들보다 덜 배운 사람들을 깔보는 본새는 또 어떻고. 오만하기 짝이 없는 족속들 같으니…….

아니, 알고 보면 그 사람들도 불쌍한 작자들이지. 돈 있는 곳이라면 어디든 불구하고 허겁지겁 쫓아다니기 바쁘고 그러다 보면 금세 심장마비로 쓰러지고 말잖아. 삶의 진정한 의미가 무엇인지 모르니 불쌍할 따름이야. 적어도 난 경제가 날 잡아먹도록 내버려두진 않겠어. 너무 돈, 돈 하다 보면 결국 드라큘라 백작처럼 되고 만다고. 난 절대 그렇게 되진 말아야지!

어느덧 레옹은 회사 주차장에 당도한다. 늘 그렇듯 사장은 이미 출근해 있고, 늘 그렇듯 주차장 최고 명당자리에 사장의 포르쉐가 떡하니 서 있다. 차를 세우고 나오니 다른 동료들이 인사를 건넨다. "어이, 또 하루가 시작되었군. 오늘도 뼈 빠지게 고생해서 드라큘라 백작의 배가 더 튀어나오게 만들어야겠지?"

기록적 이윤에도 불구하고 대량 해고를 실시하는 이유는 뭘까?

우리는 대기업이 기록적 이윤을 창출하고도 대량 감원을 단행하는 사례를 자주 접해 왔다. 그러나 전체 기업 중 대기업이 차지하는 비중은 그다지 크지 않다. 기록적 이윤을 내지도, 직원들을 대량 해고하지도 않는 중소기업이 대기업보다 압도적으로 많다. 이에 따라 일자리의 대부분을 창출하는 것도 대기업이 아니라 중소기업들이다.

그러나 일반 대중들은 대기업이 돌아가는 상황을 보고 경제계 전체를 판단한다. 경제계 전체가 이윤만 추구하는 무자비한 집단이라는 인식이나 '기업의 사회적 책임'이라는 말을 들어본 적도 없다는 냉소적 태도도 그러한 판단에서 비롯된 것이다.

통계와 현실

본(Bonn) 시에 소재한 중소기업연구소에 따르면 독일 내 공기업을 제외한 사기업의 수가 3백만 개에 달한다고 한다. 또 중소기업은 개수를 기준으로 전체 기업의 99퍼센트를, 직원 수로는 70퍼센트를 차지한다. 중소기업의 경우 사장이 곧 그 회사의 소유주인 경우도 매우 빈번하다.

현재 독일 내에는 8천 개가량의 대기업이 경제활동을 펼치고 있다. 이들은 직원 수와 매출 규모 때문에 중소기업이 아닌 대기업으로 분류된다. 대기업의 대열에 합류하려면 직원 수가 대략 250명 이상, 연간 매출액이 5천만 유로 이상이어야 한다. 잠깐! 매출을 이윤과 혼동해서는 안 된다. 매출은 한 기업이 판매를 통해 벌어들인 자금 전체를 뜻한다. 그 중 직원들에게 지급되는 임금, 협력업체에 결제해야 할 대금, 각종 세금, 대출이자 등을 제한 나머지 값이 이윤이다.

실제로 몇몇 거대 기업은 수십억에 달하는 이윤을 기록하고도 직원들을 대거 해고한다. 그들은 대개 주식시장에 상장된 기업, 자사의 주식이 주식시장에서 거래되고 있는 기업들이다. 그 말은 곧 해당 기업들이 회사의 소유주인 주주들의 압력하에 놓여 있다는 뜻이다. 일반적으로 주주들은 커다란 이윤을 창출하여 주가상승을 주도할 것을 기업에 요구한다. 주가가 상승곡선을 그리면 그만큼 개별 주식의 가치가 상승하기 때문에 주주들로서는 당연히 환영할 일이다. 그런 주주들의 요구에 발맞춰 기업은 지출경비를 줄이는 동시에 이윤을 늘려야 하는데, 거기에 바로 직원 수를 줄이는 방법이 활용되는 것이다.

그러나 몇백 거대 기업의 행동양식이 모든 기업의 행동양식을 대표하지는 않는다. 이는 목청껏 소리 지르는 열성 축구팬이 평화로운 대다수의 축구팬을 대변할 수 없다는 원리와 동일하다.

CHAPTER 2

훌륭한 해산물
레스토랑

금요일 저녁, 드디어 주말이 다시 왔다. 레옹은 발레리의 해산물 레스토랑 '르 포트'(Le Port)에서 친구들과 만나기로 했다. 특별히 생선요리를 좋아하는 것은 아니지만 오늘처럼 프랑수아와 필립의 설득에 마지못해 넘어갈 때가 있다. 솔직히 레옹은 생선요리 한 접시에 그만큼 큰돈을 쓰는 것은 아깝다고 생각한다. 차라리 직접 낚시를 해서 잡은 고기를 그릴에 구워 먹는 것이 훨씬 더 싸게 먹힐 듯하다. 자칭 미식가인 프랑수아와 필립은 이런 레옹의 계산법을 이해하지 못한다. 레옹이 아무리 절약정신을 강조해 봤자 프랑수아와 필립은 고개만 가로저을 뿐이다.

세 사람은 프랑수아가 미리 예약을 해둔 덕에 기다리지 않고 바로 자리에 앉았다. 시내에 있는 소문난 맛집들은 거의 매일 예약이 꽉 차기 때문에 반드시 예약을 하고 가야 한다. 세 사람은 오늘 먹을 메뉴를 고르느라 고심하는 대신 종업원의 추천을 따르기로 결정한다.

분위기를 돋우기 위해 먼저 품질 좋은 와인부터 마시고 있는데 웨이터가 이내 전채요리를 들고 온다. 보는 것만으로도 입안에 군침이 돈다. 직접 먹어보니 첫인상이 옳았다는 확신이 생긴다. 탁월한 음식 맛에 코와 혀가 즐거움을 감추지 못한다. 그때 필립이 백포도주 병을 가리키며 벌써 비었다고 눈짓한다. 세 명이 합심해서 올린 개가이다. 웨이터도 금세 빈 병을 발견하고 새 와인을 식탁 위에 올려놓는다.

전채요리를 다 먹고 나자 프랑수아가 말한다. "시내에 이렇다 할 해산물 전문점이 너무 없어. 난 기본적으로 생선요리를 지금보다 더 자주 먹고 싶고, 문득 생각나서 들르고 싶을 때도 많은데 말이야." 그러자 필립이 대답한다. "생선요리를 즐겨 먹는 사람이 우리가 생각하는 것보다는 훨씬 적은 모양이지. 늘 신선한 재료를 조달하는 것도 만만찮은 일일 테고." 그러나 프랑수아의 불만을 완전히 해소하기에는 필립의 설명이 부족했나 보다. "어쨌든 이 레스토랑은 늘 손님이 너무 많아. 저녁시간에 빈자리가 있는 것을 본 적이 거의 없어. 그리고 신선한 재료 이야기가 나왔으니 말인데, 요즘은 냉장기술이 발달해서 별 문제가 없을 걸?"

그러자 필립이 프랑수아의 말을 자른다. "어쩌면 생선이나 해산물을 이 집 주방장만큼 맛있게 조리할 수 있는 사람이 드문 건 아닐까? 그 정도 실력을 갖춘 사람이라면 개업만 하면 밀려오는 손님들 때문에 즐거운 비명을 질러야 할 텐데 말이야. 이 집 주인장이자 주방장인 발레리 씨가 다른 곳에 분점을 하나 내는 것도 나쁘지 않을 듯한데." 이에 레옹이 갑자기 생각난 듯 제안한다. "맞아, 발레리 씨를 불러서 앞으로의 계획을 물어보는 건 어때? 나중에 주방에서 나와서 손님들한테 인사할 때 어디 한번 물어보자고."

시간이 얼마나 지났을까, 웨이터가 드디어 오늘의 메인 요리를 들고 나타났다. 이것이 바로 오늘의 하이라이트이다. 웨이터가 "맛있게 드세요"라는 인사를 건넬 때까지 세 사람은 얌전하고도 예의바르게 기다린다. 먼저 접시 위에 놓인 생선 요리를 눈으로 보며 시각적으로 음미하는 시간을 가진 뒤, 레옹과 친구들은 식사를 시작한다. 요리에 대한 세 신사의 평가는 건너뛸까 한다. 생선요리에 그다지 관심 없는 독자들을 지루하게 만들 마음은 추호도 없고, 너무 자세히 이야기했다가는 생선요리 마니아들이 책을 집어던지고 생선요리 집으로 달려갈까 두렵기 때문이다.

발레리와의 대화

여느 저녁처럼 발레리는 음식을 준비하는 중간에 잠시 짬을 내어 자신의 레스토랑을 찾아준 손님들에게 일일이 인사를 건넨다. 생선요리에 대한 설명은 건너뛴다 하더라도 이 대목은 건너뛸 수 없다. 발레리는 쓴소리, 단소리를 가리지 않고 손님의 말이라면 모두 다 귀담아 듣는다. 드디어 발레리가 우리의 주인공인 세 사람의 자리에까지 왔다. 발레리는 진심 어린 인사를 건넨다. 프랑수아는 꾹꾹 눌러왔던 칭찬을 참지 못하고 밖으로 터뜨린다. "발레리 씨, 발레리 씨야말로 진정한 요리의 달인입니다." 이에 발레리는 겸손하게 응수한다. "저한테는 과분한 칭찬이네요. 아직 그 정도까지는 아닌 것 같은데요."

한번 말문이 터진 프랑수아는 지금껏 궁금했던 질문들을 봇물 터진 듯 쏟아낸다. "혹시 시내 어딘가에 지점을 내실 계획은 없으신지요? 여기 단골손님들이 그곳도 기꺼이 찾을 것 같은데요?" 그러자 발레리가 대답한다. "솔직히 그 질문은 이미 여러 번 받았어요. 저도 그 부분에 대해 고심중이고요. 분

점을 내는 대신 이곳을 조금 확장하는 것이 어떨까 하는 생각
도 해 봤어요. 주변 상가들이 이전한다는 말도 들었고요. 옆
가게와 이 공간을 트면 공간이 많이 늘어날 거예요. 식탁과 의
자 수도 지금보다 두 배는 늘어나겠죠." 이때 레옹이 말한다.
"글쎄요, 그것도 괜찮은 방법 같은데요? 확장하기로 이미 결
정하신 겁니까?" 그러자 발레리는 "아직 확정된 건 아니에요"
라고 조심스레 대답한다.

 **여성 최고경영자가 드문 이유는 무엇일까?**

현대 여성들의 교육수준은 과거 그 어느 때보다 높지만 경
제계의 지도적 위치는 여전히 남성들이 독점하다시피 하고 있
다. 발레리처럼 직접 업체를 운영하는 여성도 아직은 많지 않
다. 여성의 평균임금이 남성보다 낮고 경제계에 미치는 영향도
남성보다는 여성의 경우가 미약한 편이다. 상황이 이렇게 된
중요한 이유 한 가지는 여성은 대개 자신에게 주어진 일을 훌
륭히 수행하는 것에 만족하는 반면 남성들은 권력욕을 지니고

있다는 점이다. 최고 지위에 오르기 위해서는 주어진 업무를 묵묵히 수행하는 것만으로는 부족하다. 더 높은 자리에 반드시 오르고야 말겠다는 강한 의지가 필요하다. 그러나 이런 류의 야심을 아예 품지 않는 여성이 많다. 여성들은 오히려 권력을 둘러싼 거친 경쟁에 혀를 내둘러버리는 편이다.

통계와 현실

독일의 경우, 여성이 최고경영자의 지위에 오른 사례는 아직까지도 예외적인 현상에 속한다. 30위 안에 든 기업들의 최고경영진은 예외 없이 남성 일색이다. 2004년 비스바덴에 소재한 연방통계청은 마이크로센서스를 실시했는데, 그 결과 경제 분야의 전체 경영자 중 여성이 차지하는 비율이 33퍼센트밖에 되지 않는 것으로 나타났다. 여기에서 경영자란 기업 내에서 자본과 인력에 대한 결정권을 지닌 직위를 뜻하는데, 자본과 인력에 대한 책임소재가 막중한 직위일수록 해당 직위에 여성이 배치된 경우가 드물었다.

계속해서 발레리가 말을 잇는다. "요즘 들어 남편과 자주 이야기해요. 시내를 벗어난 곳에 전원주택을 한 채 구입하자고 말예요. 교통이 번잡하고 공원이나 놀이터도 부족한 이곳 대도시보다는 교외에서 사는 것이 두 아이의 성장에도 더 도움이 될 것 같거든요. 솔직히 이렇게 힘들게 일하는데 가족들한테 도움이 되지 않는다면 모든 것이 너무 허망하잖아요?" 그러자 필립도 발레리의 말에 동의한다. "맞아요, 중요한 포인트를 지적하셨어요."

이번에는 호기심에 찬 프랑수아가 질문을 던진다. "그런데 이렇게 신선한 생선은 어디에서 조달하는 거예요? 아침마다 어시장에 가서 직접 고르세요?" 거기에 대한 발레리의 대답은 이렇다. "아니에요. 생선뿐 아니라 요리에 들어가는 각종 재료를 아침마다 확보해야 하는 고민은 다행히 덜었어요. 신선한 생선과 야채를 구입해서 저희 식당에 배달까지 해 주는 사람을 얼마 전에 구했거든요. 그 사람이 없었다면 아무리 제가 요리 실력이 뛰어난들 이런 신선한 생선요리를 손님들한테 대접할 수 없었겠죠." 이때 레옹이 불쑥 제안한다. "그렇다면 우리 모두 그분을 위해 건배 한 번 할까요?"

발레리가 다음 식탁으로 이동하려던 찰나, 필립이 질문을 던진다. "이렇게 맛난 요리를 만드는 비법은 대체 뭡니까?" 잠깐 주저하더니 발레리가 대답한다. "뭐라 확실히 답하기 힘드네요. 전 그저 음식 만드는 것이 재미있을 뿐이에요. 음식 만드는 것이 제 일이니 요리만큼은 꼼꼼하고 완벽하게 해내고 싶고요. 하지만 요리든 뭐든 인생에 실수 없는 부분이 어디 있겠어요? 전 다만 손님들의 반응을 보고 제가 제 일을 제대로 했는지 아닌지를 판단할 뿐이랍니다." 세 사람은 발레리의 말에 고개를 끄덕이며 수긍한다.

CHAPTER 3

경제의
10대 원리

세 사람의 저녁식사는 우리들에게 경제
에 대해 많은 것을 가르쳐 준다. 발레리 해산물 레스토랑의 성
공은 우연이 아니다. 10가지 경제원리가 올바르게 작용했기에
그만한 성공을 거둘 수 있었던 것이다. 10가지 경제원리는 경
제적 성공, 나아가 경제적 안정을 이끌어내는 원동력이다. 이
원리들은 경제라는 세계 속에서 무슨 일이 왜 일어나는지를

이해하는 데도 도움을 준다. 그렇지만 경제의 10원리가 성공의 보증수표는 아니다. 모든 원리들을 완벽하게 실천한다 하더라도 아무런 소득 없이 무일푼 신세가 되는 경우도 있다.

독자들의 이해를 돕기 위해 경제원리를 축구의 규칙과 비교해 보았다. 축구경기 도중 반칙을 범하면 벌칙이 주어진다. 상대팀에게 페널티킥 기회를 주는 것 등이 그러한 벌칙이다. 하지만 규칙이 승부를 판가름하는 것은 아니다. 승패는 결국 종합적으로 봤을 때 누가 더 뛰어난 기량을 발휘했는지에 따라 결정지어질 따름이다.

성서가 가르치는 10원리는 절대적인 존재에게서 비롯된 것이지만 경제 10원리는 그렇지 않다. 경제의 10대 원리는 수많은 사람들이 다양한 경제활동을 해 오면서 효력이 입증된 것들이다.

사람들은 대부분 주어진 시간과 에너지, 창의력을 최대한 발휘해 경제적 성공과 안정을 얻고자 한다. 이에 있어 경제 10원리는 훌륭한 길잡이 역할을 한다.

제1원리:
모든 노동에는 올바른 자원이 필요하다

주방장이자 레스토랑의 소유주인 발레리가 모든 일을 혼자서 다 해내야 한다고 가정해 보자. 직원을 두지도 않았을뿐더러 제3자로부터 아무런 도움도 받지 못하는 상황인 것이다. 발레리가 자신이 지닌 재주와 능력을 최대한 발휘할 것이라는 데는 의심의 여지가 없다. 하지만 그것만으로 과연 어디까지 비상할 수 있을까? 아마도 그다지 멀리 날지는 못할 것이다.

위의 경우 발레리는 생선도 직접 잡고 야채도 직접 재배하며 와인 제조를 위해 포도농사까지 직접 지어야 한다. 어디 그뿐인가. 레스토랑 건물도 제 손으로 쌓아올려야 하고 식탁과 의자를 만들기 위해 목수가 되기도 해야 한다. 도공이 되어 식기도 직접 제작하고 식탁보와 냅킨도 짜야 하며 식당을 찾은 손님들의 시중도 들어야 한다. 마지막으로 가장 중요한 것, 즉 요리도 직접 해야 한다. 발레리 아닌 그 누구라 하더라도 홀로 이 많은 일들을 감당할 수는 없다. 불완전함이야말로 인간의 가장 큰 특징이 아니던가! 발레리가 그나마 완벽에 가깝게, 비교적 자신 있게 해낼 수 있는 분야는 요리뿐이다.

다시 말해 발레리는 레스토랑 운영에 필요한 특정 자원부터 갖추어야 한다. 경제에서 말하는 자원에는 노동에 필요한 모든 것들이 포함된다. 발레리의 경우, 서빙을 담당할 직원, 주방보조와 요리사, 식탁과 의자, 조리기구와 각종 식기, 건물, 식자재 납품업자 등이 자원이라 할 수 있겠다. 발레리는 이러한 자원들을 상품이나 서비스의 형태로 구매한 뒤, 생선요리라는 서비스를 손님들에게 제공한다.

재화와 용역, 다시 말해 상품과 서비스의 차이는 무엇일까? 서비스는 창고에 보관할 수 없고 대부분의 경우 한 번밖에 활용되지 못한다는 특징이 있다. 특정 장소, 특정 시점에 제공된다는 것 역시 서비스가 지닌 특징이다. 발레리의 레스토랑이 바로 그런 경우이다. 주문한 요리를 절반만 먹은 뒤 2년 뒤에 다시 와서 나머지 절반을 먹는 손님은 없다. 반면 청바지와 같은 상품은 매일 입을 수도 있고 구입한 뒤 한 번도 착용하지 않은 채 옷장에 고이 모셔놓을 수도 있다.

상품과 서비스가 서로 경계를 넘나드는 경우도 빈번하다. 은행대출은 분명 서비스이지만 그 돈으로 우리는 예컨대 정원이 딸린 단독주택을 구입한다. 또 발레리는 납품업자로부터 생선이라는 상품을 구입하지만 발레리가 손님들에게 제공하는 생선요리는 상품이 아니라 서비스이다.

경제에서 말하는 자원에 속할 수 있는 것들은 무궁무진하다. 자본, 기술을 갖춘 직원, 공장 건물, 기계, 슈퍼마켓의 금전등록기, 화물트럭, 농업용 부지, 원유 등의 천연자원, 풍부한 어족을 자랑하는 바다 등 거의 모든 것이 자원에 속한다고 해도 과언이 아니다.

안타깝게도 이 자원들은 무한하지도, 누구에게나 무료로 제공되지도 않는다. 좀 더 어렵게 말하자면 '자원부족 현상이 우리 사회를 지배하고 있는 것'이다. 따라서 자신이 하려는 일에 필요한 자원을 미리 조달해야 한다. 구입을 할 수도 있고 재배나 양식 등을 통해 직접 조달할 수도 있다. 어쨌든 발레리의 레스토랑에서 쓰는 생선은 스스로 헤엄쳐 들어오지는 않는다. 직원들도 미리 교육을 시켜야 손님들에게 적절한 서비스를 제공할 수 있다. 아직까지 그 어떤 재주꾼도 하늘에서 뚝 떨어진 경우는 없다고 하니 직원들에 대한 사전교육은 아마도 반드시 필요한 과정일 것이다.

제1원리

모든 노동에는 올바른 자원이 필요하다.

어떤 일에든 자원이 필요하다. 선생님에게는 교실과 교과서가 필요하고 의사에게는 병원과 의약품이 필요하다. 상인은 점포와 계산대가, 목수는 목재와 연장이, 건축가는 설계도와 기계가, 택시 운전수는 자동차와 장시간 앉아서 버틸 수 있는 체력과 끈기가, 화가는 물감과 천재성을 갖추어야 한다.

그렇다면 이 책을 쓰는 데는 어떤 자원이 필요할까? 비가 새지 않는 나만의 작업 공간, 컴퓨터 한 대, 경제 분야의 경험과 지식 그리고 때로는 군침이 돌게 만드는 스테이크 한 덩이가 필요하다. 이 정도면 족하다. 더 이상은 욕심일 뿐이다.

제2원리:
누구나 자기만의 전문성을 개발해야 한다

이번에는 발레리와 직원들이 모두 같은 일을 한다고 가정해보자. 모두가 손님을 접대하고 물이나 와인을 따라주며 생선을 요리하고 식자재 구입을 담당하는 것이다. 이런 일이 실제로 벌어질 리는 없다. 허황된 가정일 뿐이다.

앞서 자원이 부족하다는 말을 한 적이 있다. 거기에 한 가지 덧붙이자면 그 부족한 자원을 얻는 데 커다란 수고가 뒤따르는 경우도 많다. 예를 들어 발레리도 자신의 레스토랑에 필요한 능력 있는 직원을 구하기 위해 시간과 노력을 부단히 투자한다. 자원부족 현상에도 불구하고 발레리가 운이 좋아 능력 있는 직원을 구했다고 치자. 그러면 발레리는 그 자원을 최대한 유용하게 활용하려 들 것이다. 자, 그렇다면 어떻게 해야 발레리가 직원들을 최대한 활용할 수 있을까?

바로 특정 업무나 특정 분야에 대한 전문성을 키워주는 것이다. 발레리의 식당에서 일하는 사람들 중에는 요리사도 있고 주방보조도 있고 웨이터도 있다. 그 사람들이 어쩌다보니 요리사가 되고 주방보조나 웨이터가 된 것이 아니다. 각자 전문분야를 선정하고 개발한 결과이다. 나아가 직원들뿐 아니라 레스토랑 자체도 전문성을 개발했다. 발레리는 자신의 음식점을 해산물 요리 전문점으로 특성화했다. 발레리는 스테이크나 중국 요리, 일본 요리나 태국 요리에까지 욕심을 부리지 않았다. 물론 그런 식으로 메뉴를 다양하게 개발하면 해산물 요리보다는 아시아 요리에 관심을 더 지닌 손님들까지 확보할 수 있겠지만 발레리는 의도적으로 그 길을 포기했다.

발레리의 레스토랑에 각종 식자재를 납품하는 업자들도 각자 고유한 전문 분야를 개발한 이들이다. 생선을 납품하는 업체가 와인도 함께 납품하지는 않고 식탁보와 냅킨을 납품하는 업체가 유리창 청소 용역도 동시에 맡지 않는다. 식기 납품업체와 가스레인지 납품업체, 혹은 식기세척기의 납품업체가 동일 업체일 가능성도 희박하다. 레스토랑의 인테리어를 담당한 업체에서 메뉴판까지 제작하겠다고 나섰을 확률도 그다지 높지 않다.

왜 모두들 이렇게 전문 분야를 고집할까? 우선은 한 사람이 모든 일을 완벽하게 해낼 수는 없다는 진리가 작용했을 것이다. 개그맨은 사람들을 웃기는 것에 전념하면 그만이다. 부업으로 세무사가 되기에는 역부족일 것이다. 반대로 세무사가 퇴근 후 개그맨으로 일하기도 쉽지 않을 듯하다. 세무사 중에 유머감각을 지닌 이가 있기나 할까······.

경제계에서는 부족한 자원을 최적으로 이용하기 위해 전문성을 개발하려는 노력이 부단히 진행되고 있다. 발레리도 자신의 재능을 한 단계 더 발전시키고 전문화하기 위해 노력 중이다. 자신에게 주어진 재능을 오판할 경우, 사업이 실패로 돌아갈 가능성이 매우 높다. 어쩌면 발레리가 채식주의자를 위한 식당을 열었어도 지금만큼의 성공을 거두었을지도 모를 일이지만 말이다.

현재 수공업자로 일하고 있는 사람이 만약 제화공의 길을 택했더라면 더 큰 성공을 거두었을까? 요즘은 굳이 주문 제작을 하지 않아도 편하고 값싼 구두가 주변에 널려 있는데, 그 점은 어떻게 극복해야 할까? 이렇듯 전문 분야 선택과 전문성 개발에 관한 문제는 기업이나 개인에게 늘 의문을 제기한다.

자기만의 전문성을 개발해야 한다.

전문성을 개발하면 부족하고도 값비싼 자원을 좀 더 유용하게 활용할 수 있다. 뿐만 아니라 더 큰 성과를 낼 수도 있다. 따라서 때로는 새로운 분야로 시야를 넓힐 필요가 있다. 인간의 상상력에는 한계가 없다. 경제생활과 일상생활, 특히 전문성 개발에 있어 무한한 상상력을 발휘하는 자세가 필요하다.

오스트리아 출신의 유명한 보디빌더가 있다. 그는 자신을 액션영화 전문 배우로 특성화했지만 이후 캘리포니아 주의 주지사가 되기까지 했다. 그가 앞으로 또 어떤 일을 벌일지 다분히 귀추가 주목된다. 나중에는 우주여행객들을 위해 우주 공간에 햄버거 전문점을 열 수도 있을 것 같다. 인생에 있어 불가능이란 거의 없다. 그러나 일하지 않고 모두가 잘 사는 사회는 분명 불가능의 영역에 속한다.

제3원리:
모든 경제활동을 최적으로 조정하는 것은 자유경쟁 및 수요와 공급의 원리에 따라 시장가격이 결정되는 제도이다

발레리는 사장으로서 식당 내 모든 직원들의 업무를 조정한다. 레스토랑 구석구석이 발레리의 레이더망 안에 있다. 그런데 경제계 전반에는 수천 개의 대기업이 있고 나아가 그보다 훨씬 더 많은 중소기업들이 존재한다. 하지만 그 모든 기업들 간의 관계를 조정할 수 있는 '초능력 회장님'은 존재하지 않는다.

다행히 그 업무를 감당할 수 있는 '보이지 않는 회장님'이 있다. 시장에서 거래되는 재화와 용역의 가격이 바로 그 회장님이다. 좀 더 정확히 말하자면 시장에서의 자유경쟁을 통해 결정되는 가격이 바로 그 회장님이다.

발레리는 손님을 유치하기 위해 다른 수많은 음식점과 경쟁한다. 이러한 경쟁이 있기에 고객들은 뛰어난 음식점들 중에서도 더 뛰어난 음식점을 고를 수 있는 기회를 갖게 되는 것이다. 즉 치열한 경쟁이 고객들에게 이익으로 돌아가는 것이다. 하지만 무엇인가를 팔기 위해 다른 업체와 경쟁해야 하는 기업들에게 있어 경쟁은 가혹할 따름이다. 기업뿐 아니라 각 기업의 직원들도 무엇인가를 팔기 위해 다른 사람과 경쟁해야만 한다. 자신의 전문적인 능력을 노동시장에 내다팔자면 경쟁은 피할 수 없는 운명이다.

시장에서의 자유경쟁은 가격을 움직이고, 이러한 가격변동은 경제활동의 모든 분야를 조정한다. 가격은 어떤 물건이 특별히 고객들에게 인기가 좋은지 혹은 시들한지를 알려주는 시그널이다. 고객들이 어떤 물건을 앞 다투어 사려고 하면 기업은 대개 재빨리 그 물건의 값을 올리기 때문이다.

그 경우, 기업은 물건 값을 올리면서도 혹여 고객이 줄어들까 두려워하지 않는다. 오히려 정반대 현상이 일어나기 때문이다. 아무리 가격이 뛰어도 고객들은 그토록 열망했던 상품이나 서비스를 갖지 못해 여전히 안달한다. 수요가 계속 늘어나는 것이다. 가격이 뛰고 고객이 늘면 기업은 동기부여가 되어 더 많은 제품을 제공하려 한다. 더 많은 제품이나 서비스를 제공하기 위해 기업은 직원을 추가로 채용하고 시장에 제공할 제품의 종류와 양을 늘린다.

그러한 예를 잘 보여주는 사례가 바로 자동차 시장이다. 자동차 가격은 몇 년째 상승곡선을 그리고 있지만 그것 때문에 자동차 구입을 포기하는 사람은 많지 않다. 앞으로도 비싼 값을 지불하면서 멋진 차를 내 것으로 만들려는 잠재 고객의 수는 충분하다. 자연히 기업은 더 많은 자동차를 생산한다. 자사의 자동차에 새로운 디자인과 기술을 장착하겠다는 계획도 세운다. 뿐만 아니라 자동차에 대한 고객들의 열화와 같은 갈망은 새로운 업체까지 자동차 시장에 뛰어들게 만든다.

반면 어떤 제품의 인기가 시들해지거나 아예 사라지면 수요 위축으로 인해 가격은 내려간다. 기업이 어쩔 수 없이 가격을 인하하는 것이다. 기업은 가격인하를 통해 더 많은 고객을 확보하거나 적어도 기존 고객을 유지하려 한다. 초가을에 접어들면 여름옷에 대한 할인이 시작되는 것도 그러한 원리에 따른 것이다. 기업에게 있어 가격하락은 자사의 상품이나 서비스에 대한 수요가 줄어들고 있으니 해당 상품의 생산을 줄이라는 신호로 작용한다. 그리고 수요절감에 따라 생산을 줄일 경우, 일반적으로 직원을 줄일 필요성도 발생한다. 자유경쟁 그리고 수요와 공급 간의 균형 혹은 불균형은 이렇게 경제활동 전반을 최적으로 조정하는 조정관 역할을 수행한다.

그런데 원래 인간은 좀 더 편한 것을 추구하는 동물이다. 기업도 마찬가지이다. 그렇게 때문에 경쟁 속에 내던져진 기업들은 독점이나 과점을 통해 경쟁을 피하고 싶은 유혹을 쉬이 물리치지 못한다. 특정 제품을 시장에 유일하게 출시하는 업체, 다시 말해 독점업체가 될 경우 기업은 단독으로 해당 상품이나 서비스의 가격과 품질 그리고 거래량을 결정지을 수 있다. 만약 발레리의 식당이 시내에 있는 유일한 해산물 레스토랑이었다면 남들보다 더 나은 서비스를 제공하겠다는 동기는 온데 간데 없고 모든 것을 독단적으로 결정했을 것이다.

과점의 경우라면 한 기업이 시장 전체를 독식하지는 않는다. 발레리의 레스토랑이 과점업체였다면 적어도 시내에 소재한 몇몇 다른 요식업체와 외식시장을 분할할 수밖에 없다. 하지만 이 몇몇 업체들은 높은 가격에 저급 서비스를 제공하자는 약속을 암암리에 맺을 수 있다. 그 결과는 어떠할까? 고객들은 시내에 있는 변변찮은 몇몇 음식들 중 그나마 성에 차는 음식점을 고를 수밖에 없는 상황에 처하게 된다.

나아가 발레리에게는 시내에 있는 몇몇 레스토랑뿐 아니

라 전국에 분산되어 있는 여러 음식점들과 만나 요리의 가격을 미리 책정할 수도 있는 가능성이 주어진다. 물론 그 결과는 고객들에게 불리한 방향, 즉 비싼 값에 보잘것없는 대접을 받고도 만족할 수밖에 없는 방향으로 흐른다. '카르텔'이라고도 불리는 이러한 가격담합은 법으로 금지되어 있다. 카르텔이 거의 매번 불공정거래와 고객의 부담증가라는 부정적 결과로 이어지기 때문이다.

법적으로 금지되어 있기는 하지만 발레리가 가격담합이나 독점업체로의 '발전'을 통해 빠른 시일 내에 부를 축적하려는 야심을 현실화하지 않는다는 보장은 없다. 다행히 국가가 그로 인한 불이익을 방지하는 데 앞장선다. 정부는 공정거래감독위원회를 설치하고, 공정거래감독위원회는 독과점업체가 소비자에게 불이익을 주거나 불법 담합으로 시장가격을 조종하지 못하도록 상황을 통제한다.

> **제3원리**
>
> 모든 경제활동을 최적으로 조정하는 것은 자유경쟁 및 수요와 공급의 법칙에 따라 시장가격이 결정되는 제도이다.

그렇지만 소비자가 원하는 가격과 수량이 오로지 시장에서의 자유경쟁만으로 결정되는 것은 아니다. 교육이나 의료 서비스는 정부의 개입 때문에라도 무상으로, 혹은 상대적으로 저렴한 값에 제공된다. 정치계는 국민 모두가 수입과는 무관하게 교육과 의료 서비스를 받기를 원한다. 만약 그런 개입이 없다면 기업들은 앞 다투어 값비싼 교육, 값비싼 의료 서비스를 제공하려 경쟁할 것이다.

만약 이 책이 지금 가격의 100배였더라도 독자들이 이 책을 샀을까? 이 질문을 통해 알 수 있듯 가격이 지닌 위력은 실로 엄청나다.

제4원리:
국가는 통화정책 및 경쟁정책을 통해 화폐가치를 안정시켜야 할 책임을 지닌다

돈은 영원한 의문의 원천이다. 돈이 들어오기만 하면 발레리는 무조건 기뻐할까? 돈 싫어하는 사람은 없는 마당에 무슨 어리석은 소리를 하는 거냐는 독자들도 있겠지만, 돈이라도 다 같은 돈은 아니다. 가치 있는 돈과 가치 없는 돈은 분명 다르다. 중요한 것은 돈의 가치인 것이다.

발레리가 손님들로부터 음식 값을 받기는 하지만 그 돈의 가치가 늘 같은 것은 아니다. 돈의 가치가 하락하면 같은 돈으로 살 수 있는 물건의 양도 줄어든다. 인플레이션이 일어나면 똑같은 서비스를 제공하고 똑같은 액수를 벌어들인다 해도 그 금액이 지닌 가치는 달라진다. 돈이 지닌 구매력이 줄어들기 때문이다. 통화팽창, 즉 인플레이션은 장기적으로 볼 때 모두를 가난에 빠뜨리는 위험원리이다. 나아가 경제 전반이 인플레이션 때문에 무너지고 마는 경우도 있다.

인플레이션이 일어나는 이유는 여러 가지가 있다. 예를

들어, 기업이 더 많은 돈을 벌기 위해 상품 값을 올린다. 수요가 급등하거나 원유나 기계 등의 자원에 대한 기본 투자비가 상승했기 때문일 수도 있다. 정부의 세금인상이 가격인상의 요인으로 작용했을 가능성도 배제할 수 없다. 그 모든 경우, 기업은 제품 가격을 인상함으로써 세금 인상분을 소비자의 부담으로 돌린다. 때로는 노조의 임금인상 요구가 원인을 제공하기도 한다. 이 경우에도 기업은 제품 값을 올림으로써 인상된 임금을 고객들에게 부담시킨다.

인플레이션을 막는 방법으로는 첫째, 중앙은행의 통화정책, 둘째, 제대로 돌아가는 시장경쟁, 셋째, 임금인상 요구 자제 등이 있다. 중앙은행은 일반 시중은행과는 달리 국가가 관리하는 기구이다. 중앙은행은 정부의 위촉으로 한 국가의 통화정책을 실행한다.

은행대출에 의존하지 않는 기업은 거의 없다. 사무실, 공장, 인건비 등에 들어가는 비용을 스스로 감당할 만큼 많은 돈을 지닌 기업은 없다고 봐도 무방하다. 발레리도 은행에서 꽤 많은 자금을 대출받았다. 대출이 없었다면 아마 레스토랑 개업은 꿈도 꾸지 못했을 것이다.

대출은 경제라는 엔진을 최고 속도로 돌아가게 만드는 연료와 같다. 그런 의미에서 중앙은행의 대출금리 인상은 대출의 수도꼭지를 틀어 잠그는 격이지만 어쨌든 통화 팽창을 방지하는 수단으로 활용된다. 시중의 일반 은행들은 고객들에게 대출을 해 주기 위해 중앙은행으로부터 돈을 빌린다. 중앙은행이 대출금리를 올리면 일반 은행들은 인상된 만큼의 이자를 고객들에게 고스란히 부담시킨다. 그런데 기업에게 있어 금리 인상은 비용 상승을 의미하기 때문에 대출금리가 오르면 아무래도 대출이 위축될 수밖에 없다. 자금부족난을 겪는 기업들은 그만큼 상품이나 서비스의 양을 줄이게 마련이고 이에 따라 판매량도 줄어들기 때문에 신규사원 채용규모도 줄어든다. 결과적으로 일자리를 지닌 사람들의 수가 줄어드는데, 이는 곧 구매력을 지닌 고객이 줄어드는 것을 의미한다.

대출금리가 인상되면 기업대출뿐 아니라 개인대출도 위축된다. 한마디로 쓸 수 있는 돈이 줄어든다는 말이다. 소비가 줄어드니 기업의 판매고도 줄 수밖에 없다. 이때 기업은 물건의 가격을 올리는 대신 더 많은 고객을 확보하기 위해 오히려 가격을 인하한다. 이것이 바로 중앙은행이 금리인상을 통해 인플레이션을 저지하는 원리이다.

중앙은행이 이자율을 낮추는 방법도 있다. 대출의 수도꼭지를 활짝 여는 것이다. 그렇게 되면 은행도 대부분 이자율을 인하한다. 은행의 대출금리가 낮아지면 기업이 제공하는 상품과 서비스의 규모가 늘어나고 채용하는 직원의 수도 늘어난다. 이에 따라 경제가 성장하고 더 높은 수준의 복지를 구현할 가능성도 높아진다. 그러나 이러한 통화정책은 기업과 개인이 실제로 저리의 대출을 절박하게 필요로 할 때만 성공할 수 있다. 경제 전반에 비관적 분위기가 지배적인 시기에는 더 많은 빚을 지기를 꺼려하는 사람이 대부분이다. 그렇다고 중앙은행이 금리를 무한정 낮출 수도 없는 노릇이다. 그렇게 해 봤자 인플레이션만 더 가속화되기 때문이다.

인플레이션을 방지하는 두 번째 방법, 즉 시장에서의 경쟁이 제대로 돌아가게 만들 책임도 국가의 몫이다. 아무리 다른 기업과의 경쟁이 치열해졌다 하더라도 기업이 물건 값을 갑자기 올리지는 않는다. 그런 가운데 국가는 독과점과 가격담합을 금지함으로써 자유경쟁이 이뤄지도록 보장해야 하는 것이다. 나아가 기업들 간의 치열한 경쟁은 품질개선과 선택의 기회 확대, 가격인하 등을 유발하기 때문에 고객들에게 이익이 된다는 장점도 있다. 결과적으로 경제 분야에서의 자유로운 경쟁은 인플레이션을 방지하는 효과를 지니는 것이다.

인플레이션을 막는 세 번째 방법은 노조가 임금인상 요구를 자제하는 것이다. 노조의 임금인상이 과하다 싶으면 회사는 물건 가격을 올린다. 경쟁업체마저 없는 경우에는 물건 값

이 순식간에 천정부지로 뛸 수도 있다. 노동력을 기계로 대체하는 것도 기업이 인건비 부담을 줄이기 위해 활용하는 방법 중 하나이다. 값싼 노동력이 풍부한 해외로 눈길을 돌리는 기업도 적지 않다. 그러나 임금협상은 기본적으로 분배를 둘러싼 회사와 노조 간의 줄다리기라는 데 더 큰 의미를 지닌다.

제4원리

국가는 통화정책 및 경쟁정책을 통해 화폐가치를 안정시켜야 할 책임을 지닌다.

아직까지는 발레리가 그럭저럭 잘해 나가고 있다. 하지만 인플레이션이 일어나면 화폐 가치가 줄어들기 때문에 발레리의 수입도 줄어든다. 인플레이션이 발레리를 지금보다 가난하게 만드는 것이다. 화폐 가치의 안정은 쉽게 해결할 수 있는 사안이 아니다. 어쩌면 로또 1등에 당첨되는 것만큼 어려운 일일지도 모르겠다.

제5원리:
뚜렷한 동기를 지닌 자만이 경제활동을 성공적으로 수행할 수 있다

발레리는 무엇 때문에 그토록 열심히 일할까? 오로지 돈 욕심 때문일까? 세상을 지배할 수 있는 것이 오직 돈뿐일까? 그렇지는 않다. 우리 주변에서도 이를 증명하는 이들을 더러 볼 수 있다. 모두가 높은 수입이 보장되는 유명 가수, 고위 정치가, 고소득 성형외과 전문의를 선망하는 것은 아니다. 주위를 둘러보면 낮은 임금에도 불구하고 점원, 정원사, 간호사 등 특정 직종을 택하는 이들도 많다. 그 일이 좋고 자기 일을 사랑하기 때문에 그 직업을 선택한 것이다.

어떤 직업을 선택하고 일하는 동기가 비단 돈 때문만은 아니다. 그렇다면 각자 자신의 일을 성실히, 책임감 있게, 뚜렷한 목표의식을 지니고 수행하게 만드는 원동력은 무엇일까? 어느 여성이 기업 간부가 되는 대신 교사가 되기로 결심했다고 치자. 이 여성은 학교에서 아이들을 가르치는 일이 자신의 재능과 적성에 더 적합하다고 생각한다. 만약 기업 간부로 일했다면 막중한 책임과 위험 부담이 따르는 대신 수입은 지금보다 많을 것이다. 하지만 이 여성은 비록 많은 액수는 아니라 하더라도 자신의 안정된 수입과 자신의 일이 지닌 가치를 더 소중히 여긴다.

발레리도 손님들이 자기가 만든 요리를 맛있게 먹는 모습을 볼 때마다 커다란 보람을 느낀다. 예전부터 발레리는 요리에 관심이 많았다. 늦어도 45세가 되면 자기 이름을 내건 레스토랑을 차리겠다는 것이 그녀의 목표였다. 물론 돈을 버는 것도 중요하다. 그러나 돈이 유일한 목표였다면 굳이 요리사가 되지 않고 기자나 의사, 혹은 교사의 길을 선택할 수도 있었다.

돈이 아니라 개인적 관심이나 목표가 직업에 대한 동기를 부여해 줄 때가 많다. 돈으로 대변되는 물질적 보상도 중요하지만 타인의 인정이나 일에 대한 만족감 등 비물질적 보상이 지닌 위력도 무시할 수 없다. 자신이 만든 요리나 자신의 레스토랑의 서비스에 대해 손님들이 칭찬을 할 때면 발레리는 한없이 뿌듯해지고 앞으로는 더 맛난 요리, 더 좋은 서비스를 제공해야겠다는 다짐을 한다. 발레리에게 있어 이러한 부분은 세상 그 무엇과도 바꿀 수 없을 만큼 커다란 가치를 지닌다.

종합적으로는 우리가 어떤 일을 하게 되는 동기는 돈에 대한 필요성과 더불어 일에 대한 보람, 개인적 관심과 목표 추구 등이 어우러진 것이라 볼 수 있다. 경제활동에는 동기가 부여되어야 한다. 성과나 성공에 대한 재미까지 더해진다면 그야말로 금상첨화이다. 그렇게만 된다면 더 나은 실적과 더 큰 성공에 대한 열정을 그 누구도 가로막지 못할 것이다.

제5원리

뚜렷한 동기를 지닌 자만이 경제활동을 성공적으로 수행할 수 있다.

뚜렷한 동기도 없는 상태에서 토요일 새벽 2시에 잠자리에서 일어나 빵을 구울 사람은 없다. 물론 돈 때문에 달콤한 잠을 포기하는 사람도 없지는 않겠지만 자신의 일을 소중히 여기는 마음이 없다면 그 생활은 결코 오래가지 못한다. 토요일 아침에도 우리가 갓 구운 맛난 빵을 먹을 수 있는 것도 모두 다 그러한 노력과 땀, 다시 말해 동기가 있었기 때문이다.

제6원리:
성공하고 싶다면 거기에 필요한 능력을 반드시 갖추어야 한다

제 아무리 뚜렷한 동기를 지녔다 해도 그 일에 필요한 능력이 갖춰지지 않은 상태라면 목표를 달성할 수 없다. 우리가 어릴 때부터 학교를 다닌 것도 달리 할 일이 없고 시간이 남아돌아서가 아니다. 그 모든 것이 장차 필요한 능력을 갖추기 위한 준비 작업이었다. 배움에는 끝이 없다. 고등학교를 졸업한 이후에도 직업교육을 받거나 대학에 진학한다. 자기가 원하는 일을 하기까지 길고도 험난한 과정을 거쳐야만 하는 것이다.

어린 시절, 청소년 시절에 놀기만 했다면 나중에 어른이 되어 자신의 원하는 분야에서 성공을 거둘 수 없다. 적절한 교육도 받지 않고 어떻게 비행기를 조종하거나 원피스를 제작하겠는가? 그렇기 때문에 우리는 직업상 필요한 일들을 미리 배워둔다. 예를 들어 향수회사에 취직을 했을 때, 사전에 기초교육을 받지 못한 사람이라면 '뭘 어떻게 해야 향수를 만들 수 있을까?' 라는 질문만 되뇌다가 세월을 다 보낼 것이다.

학교에서, 나아가 직업교육을 받으면서 우리는 늘 '이다지도 재미없고 지루한 것들을 내가 왜 듣고 있어야 하는가?'라는 의문을 품는다. '그냥 내가 좋아하는 수학이나 물리, 아니면 외국어만 열심히 하면 되지 않을까?' 그러나 그것만으로는 부족하다. 뿐만 아니라 원하는 직장을 얻기 위한 지루한 과정을 다 거친 뒤에도 공부는 계속된다.

취업에 성공한 이후에도 자기계발을 위한 노력을 멈출 수는 없다. 직장이라는 사회는 질주하듯 빠른 속도로 변화한다. 기존에 습득한 능력은 금세 낡은 것이 되어버리고 만다. 한번 배운 기술로 퇴직할 때까지 밥벌이를 할 수 있다는 보장은 어디에도 없다. 문제가 어디 그뿐이겠는가. 빠릿빠릿한 신참들이 새로운 능력을 계발하며 시시각각 나를 앞지르며 위협하기까지 한다.

발레리의 경우만 봐도 그렇다. 발레리도 자신의 능력을 끊임없이 계발해야 한다. 사실 지금의 요리 실력을 갖추는 데만도 오랜 세월이 걸렸고, 그것이야말로 성공의 원동력이었다. 그러나 제아무리 발레리의 요리 솜씨가 뛰어난들 그 식당을 찾는 손님이 줄어들지 말라는 법은 없다. 그냥 아무런 이유

도 없이 손님들이 갑자기 다른 요리를 더 선호할 수도 있지 않
겠는가. 앞으로 10년이고 20년이고 손님들이 변하지 않고 발
레리의 훌륭한 해산물 요리를 찾아줄 것이라 장담할 수 있는
이는 아무도 없다.

발레리의 손맛뿐 아니라 그 어떤 재주도 고객들로부터 영
원히 사랑받는다는 보장은 없다. 그렇기 때문에 변화를 수용
하는 자세가 필요하다. 인생의 큰 변화에 부닥쳤을 때 포기하
고 싶은 심정은 십분 이해된다. 모든 것을 포기하고 처음부터
다시 시작하기에는 에너지와 의지가 부족할 수도 있다. 어떤
지식이나 기술을 습득하고 수년간 그 일을 열심히 해 왔다면
상황이 허락하는 한 그 일을 퇴직할 때까지 계속하고 싶을 것
이다. 그러나 역동적인 경제계는 개인의 소망 따위를 고려하
지 않는다.

직장생활 전체를 통해, 나아가 그 이후의 삶에도 변함없
이 도움을 주는 능력은 단 한 가지뿐이다. 언제든지 새로운 것
을 배우고 습득하며 이미 달성한 것에 만족하지 않는 능력이
바로 그것이다. 더 많은 것을 배우고 습득하려는 의욕과 호기
심이야말로 직장인들의 가장 든든한 무기이다.

성공하고 싶다면 거기에 필요한 능력을 반드시 갖추어야 한다.

오늘날 컴퓨터를 다룰 줄 아는 능력 없이 취업할 수 있는 직장은 많지 않다. 20년 전만 하더라도 누구도 이런 일을 상상하지도 못했지만 지금은 그 상황이 기정사실화되었다. 어쩌면 앞으로는 머리에 컴퓨터칩을 장착해야 하게 될지도 모른다. 그때를 대비하고 싶다면 컴퓨터칩을 통해 머릿속의 생각을 처리할 수 있는 능력을 갖추어야만 한다. 인간도 기계도 아닌 상태에 빠진다는 것을 상상하는 것만으로도 온몸이 부르르 떨리는 사람도 많을 듯하다. 하지만 인간과 기계, 그 중간의 영역에서 뛰어난 능력을 발휘할 수만 있다면 아마도 동료들보다 훨씬 더 멋진 곳으로 훨씬 더 긴 휴가를 떠날 수 있을 것이다. 사실 뚜렷한 동기만 있다면 세상이 아무리 요지경처럼 변한다 한들 배우고 익히지 못할 것이 어디 있겠는가!

제7원리:
투자는 경제적 성공과 안정을 위한 전제조건이다

발레리가 해물 레스토랑 '르 포트'를 개업한 것은 실로 과감한 투자였다. 지금까지 모은 돈 전부를 쏟아부었고 거기에다 대출까지 받았다. 사업이 실패로 돌아가면 그야말로 알거지 신세가 되고 말 위험까지 감수한 결단이었다. 어쩌면 평생을 빚더미 위에 앉아 신세한탄만 해야 할지도 모를 노릇이었다. 그러나 그러한 과감한 투자가 없었다면 발레리에게는 오늘날의 성공도 없었을 것이다.

투자란 앞으로 더 많은 돈을 벌 것이라는 기대하에 자금을 지출하는 것이다. 수중에 돈이 있는 사람은 자기자본을 투자할 것이고 그렇지 않은 경우라면 은행에서 대출을 받아 투자할 것이다. 어떤 기업도 자원에 자금을 투자하지 않고서는 아무것도 생산할 수도, 고객들에게 상품을 제공할 수도 없다. 2천 명의 직원을 채용하기에 앞서 기업가는 우선 건물을 짓고 기계를 구입하는 등 기본적 자원 확보에만 수백만 유로를 투자해야 한다. 건물이나 기계를 싸들고 와서 취직하는 직원은 없다. '그저' 야심과 동기 그리고 업무능력을 제공할 뿐이다. 업무에 필요한 모든 장비는 기업의 소유주가 미리 마련해 두어야 한다. 그런 의미에서 신규 일자리를 마련하는 방법은 오로지 투자뿐이다. 경제적 안정도 결국은 더 많은 자금을 투자하는 것에서 비롯된다.

물론 직원들도 교육이라는 방법을 통해 자신의 미래에 투자한다. 그리고 그 교육은 초등학교 시절부터 시작되는 것이다. 일반적으로 교육을 더 많이 받았을수록 직업전선에서도 보다 높은 수입이 보장되는 직장에 취업할 수 있는 기회가 늘어난다.

그리고 보면 경제생활은 결국 자금의 지출로 점철되는 듯하다. 그러나 지출이라 해서 다 같은 지출이 아니다. 군침 도는 아이스크림을 먹기 위해 돈을 쓰면 이는 소비가 된다. 그러나 아이스크림을 만들기 위한 기계를 구입하는 데 드는 비용은 투자라고 부른다. 두 경우 모두에 있어 돈을 지출했다는 것은 마찬가지이다. 그러나 아이스크림 기계에 돈을 투자했을 경우 장차 더 많은 돈을 벌 수 있다는 기대가 뒤따르지만, 아이스크림을 맛있게 먹었을 경우에는 달콤한 맛에 대한 추억이 남거나 배탈이 날 뿐이다. 후자의 경우는 단순한 소비일 뿐, 투자라고는 할 수 없고, 이런 식으로 투자가 아닌 소비만 이뤄질 경우 재정파탄에 이르고 만다. 먼저 투자부터 해야 돈이 생긴다. 그 돈을 소비할지 저축할지는 그 다음 문제이다. 그러나 거꾸로 투자만 있고 소비는 없는 것도 경제에 도움이 되지 않는다. 아이스크림 제조기로 만든 아이스크림을 누군가가 사먹어야 경제가 돌아가지 않겠는가.

한편 경쟁은 기업가들로 하여금 더 많은 투자를 할 수밖에 없도록 압박한다. 기업가에게 있어 투자는 다른 기업보다 더 큰 경쟁력을 지닐 수 있는 기회로 작용한다. 남들보다 규모가 큰 공장을 건설하고 더 많은 직원을 채용하며 새로운 상품의 연구개발에 더 많은 비용을 투자하고 해외에 공장을 설립함으로써 기업가는 더 많은 이익을 창출할 수 있다. 그러한 이익을 통해 더욱 강력한 기업으로 성장하고 자기보다 경쟁력이 처지는 기업을 인수하거나 시장에서 아예 퇴출할 수도 있다. 어떤 기업도 뒤처지고 싶어 하지는 않는다. 경제계에 활발한 투자가 이뤄지는 이유도 그 때문이다.

요즘은 주식이나 채권에 돈을 투자하는 사람이 많다. 주식을 매입함으로써 특정 기업의 주식 일부를 소유한 주주가 된다. 기업이 영업으로 취득한 이윤을 배당금이라는 명목으로 주주들에게 나눠줄 때도 있지만 일반적으로 배당금보다는 주가가 뛰었을 때 매도해서 얻는 시세차익이 더 크다.

채권 구입은 기업이나 국가에게 일정 기간 동안 자금을 대출해 주는 행위이다. 그 대가로 정기적인 이자를 지급받는다. 물론 시가가 상승할 경우 채권도 주식처럼 매도하여 이윤을 남길 수 있다.

그러나 주식이나 채권은 언제든지 가치가 하락될 수 있다는 위험을 지니고 있다. 주식과 채권 투자에는 그만큼 위험이 뒤따르는 것이다. 대개 리스크가 클수록 기대되는 이윤도 커진다. 비교적 안정적인 채권이 위험성이 높은 주식보다 이윤이 적은 까닭도 바로 거기에 있다.

기업가가 공장 건설 등에 투자를 할 때 그 돈은 기업가 자신이 그간 모아둔 돈에서 나오거나 주변 사람들을 동원하며 여기저기서 모은 돈이다. 혹은 은행에서 투자대출을 받기도 한다.

개인적 기대가 투자 결정의 관건이 될 때가 많다. 투자는 미지의 미래에 대한 내기를 거는 것과 다름없기 때문이다. 레스토랑 개업이든 장기간의 교육이든, 공장 건설이든 주식 매입이든 간에 그 투자가 반드시 수익을 낳을 것이라는 보장은 없다. 미래에 대해 낙관적이라면 위험을 기꺼이 감수하며 투자를 하는 것이고 비관적이라면 조심스레 투자하거나 아예 투자를 하지 않는 것이다.

> ### 제7원리
> 투자는 경제적 성공과 안정을 위한 전제조건이다.

경제는 발레리처럼 과감하게 투자하는 낙관론자를 필요로 한다. 물론 현실감각도 없으면서 덮어 놓고 모든 것을 장밋빛으로 보는 낙관주의자는 그다지 도움이 되지 않는다. 그런가 하면 리스크 앞에서 벌벌 떨기만 하는 비관론자는 부자가 되기 어렵다. 잘해야 본전을 건질 뿐이다. 우리 사회에 비관론자만 있다면 경제가 성장하지 못하고, 나아가 안정된 복지사회를 구현하기도 힘들다. 용기 없는 자는 아무것도 얻을 수 없다는 말은 부인할 수 없는 진리이다.

제8원리:
국가는 성공적 경제의 기틀을 마련한다

발레리가 개업한 레스토랑이 오로지 직원과 납품업자 등과 같은 자원의 확보, 전문성 개발, 기업 및 경제 각 분야 간의 조정, 뚜렷한 동기 그리고 각자의 능력과 투자 덕택에 성공한 것은 아니다. 국가는 화폐가치의 안정이라는 목표 외에도 다양한 분야에서 기본적 전제조건들을 마련해 주는데, 이 또한 성공 여부를 결정짓는 요인이 된다.

예를 들어 어떤 손님이 발레리의 식당에 와서 맛있게 식사를 하고서는 서비스가 마음에 들지 않는다며 음식 값을 지불하지 않고 그냥 간다고 가정해 보자. 종업원이 그 손님 뒤를 헐레벌떡 달려가 음식 값을 지불하라고 요구할 것이 뻔하다. 그러나 손님은 꿈쩍도 하지 않는다. 종업원은 할 수 없이 손님을 붙잡아 둔 채 경찰을 부른다. 만약 경찰이라는 기구가 없었다면 종업원은 어떻게 대처해야 할까? 식당에서 밥을 먹었으면 반드시 식대를 지불해야 한다는 법조차 없다면 어떻게 해야 할까? 그 손해는 고스란히 발레리가 감당해야 할 것이고,

그 결과 조만간 파산하고 말 것이라는 정도는 굳이 눈으로 확인하지 않더라도 충분히 짐작할 수 있다.

국가는 하루 24시간 쉬지 않고 국민의 자산을 보호한다. 그러한 보호 장치가 없다면 발레리는 도무지 일할 기분이 나지 않을 것이다. 밤이면 밤마다 밤손님들이 쳐들어와 돈이 될 만한 것들을 다 훔쳐가도 처벌할 길이 없다면 무슨 맛으로 일을 하겠는가. 경찰과 법이라는 보호기구가 있기 때문에 국민들은 밤이면 안심하고 편히 잘 수 있고 낮이면 걱정 없이 각자 맡은 일에 충실할 수 있는 것이다.

그런가 하면 국가의 보호 덕분에 레옹과 프랑수아, 필립은 발레리의 식당에서 먹고 마시는 요리와 음료의 품질이 나무랄 데 없을 것이라는 믿음을 지닐 수 있다. 그에 앞서 발레리도 납품업자로부터 제공받는 식자재가 믿고 사용해도 좋을 재료라는 신뢰를 지닌다. 국가가 식품위생에 관한 기준을 제정하고 해당 관청에서 그 기준의 준수 여부를 감독하기 때문이다.

국가는 이처럼 경제계에서 거래되는 거의 모든 상품과 서비스에 대해 기준을 마련해 놓았다. 자동차를 구입하거나 비행기를 탈 때 안심할 수 있는 이유는 바로 국가에서 정해 놓은 자동차안전기준이나 비행장치안전기준 등이 있기 때문이다.

뿐만 아니라 국가는 각종 인프라를 구축함으로써 경제의 다양한 기틀을 마련하기도 한다. 도로건설, 쓰레기 수거, 하수 정화, 전력 및 수도 공급, 교육, 연구, 의료, 대중교통, 민원서비스 등이 국가가 제공하는 인프라에 속한다. 이러한 인프라가 없다면 그 어떤 나라의 경제도 제대로 굴러갈 수 없다. 전체 인프라를 다 감당할 수는 없겠지만 인프라 중 상당 부분은 민간 분야가 떠맡을 수도 있다. 그러나 국가는 국가가 직접 나서는 편이 더 낫다고 확신한다. 국가가 인프라를 제공할 경우, 국민들이 그 시설을 때로는 무상으로, 혹은 실비에 이용할 수 있기 때문이다. 다시 말해 국가는 돈을 지불할 능력이 있는 국민들뿐 아니라 국민 모두가 인프라를 이용할 수 있게 해 주는 것이다. 엄밀히 따지자면 거기에 소요되는 비용 일부 또는 전부를 국민들이 미리 낸 세금으로 충당하고 있기는 하다. 그러나 만약 민간 분야에서 기본적인 인프라를 구축할 경우 국가가 제공할 때보다는 훨씬 더 비싼 이용료를 지불해야 할 공산이 크다.

앞서도 말했지만 국가는 공정거래감독위원회라는 것을 마련해 기업의 공정거래법 준수 여부를 감시하기도 한다. 약간의 속임수를 써서 큰돈을 끌어 모으고 싶은 유혹, 경쟁업체와 힘든 싸움을 벌이지 않고도 고객을 끌어들이고 싶은 유혹이 실로 엄청나기 때문에 그러한 장치가 필요한 것이다.

발레리도 고객을 사로잡기 위해 다른 수많은 음식점들과 경쟁한다. 이에 있어 발레리는 뛰어난 음식 맛과 서비스로 승부한다. 그런데 만약 다른 어떤 음식점의 주인이 발레리의 음식점은 늘 손님들로 들끓는데 자신의 식당에는 파리만 날리는 것을 시기한 나머지 근거 없는 소문을 퍼뜨려 발레리의 음식점을 비방한다면 무슨 일이 벌어질까? 발레리는 늘 값싼 생선만 사용한다거나 음식 맛을 좋게 하려고 화학조미료를 첨가한다는 소문이 떠돈다면? 혹은 납품업자들이 갑자기 똘똘 뭉쳐 식자재 값을 두 배로 올린다면? 그저 발을 동동 구르기만 해야 할까? 다행히 경쟁업체의 비방이나 협력업체의 가격담합에 대처할 수 있는 방안이 있다. 공정거래법이 바로 그 방안이다.

결론적으로 국가는 경찰과 법적 제도, 품질보증, 인프라, 공정거래 감독 등이라는 기틀을 제공하고 기업은 이에 대해 세금을 납부한다. 국가와 기업 간에 일종의 '기브 앤드 테이크'(give & take) 관계가 성립되는 것이다.

국가는 성공적 경제의 기틀을 마련한다.

이론상으로는 정부와 민간이 조화를 이루지 못할 근거가 없다. 그러나 실상을 들여다보면 국가와 기업 사이에 불협화음이 끊이지 않는다. 사회주의 체제하에서는 화해의 기미가 희미하게 보이는 듯했으나 그 또한 실패로 돌아가고 말았다. 국가는 각종 법률을 제정하여 기업을 지배하는 동시에 기업들로부터 되도록 많은 세금을 거둬들이려 한다. 하지만 어디 기업이 그 요구를 순순히 받아들이겠는가. 기업은 오히려 정부가 법률의 수위를 낮추고 세금을 인하해야 한다고 주장한다. 양측 모두 자신의 이익을 위해 한 발짝도 물러서지 않고 버티는 것이다. 그러다 보니 국가와 기업 간의 싸움은 중단될 틈이 없고 둘은 끊임없는 스트레스에 시달린다. 제아무리 뛰어난 관계개선 전문가라 하더라도 이 둘의 관계를 획기적으로 개선하지는 못할 듯하다.

제9원리:
고객의 만족 여부가 기업과 근로자의 운명을 좌우한다

우리의 세 주인공 프랑수아, 레옹, 필립은 발레리 해산물 레스토랑의 음식 맛과 분위기를 매우 높이 사기 때문에 친구나 주변 사람들에게도 적극 추천한다. 발레리는 손님들과 담소도 자주 나눈다. 발레리가 그렇게 말을 거는 이유는 손님들이 자신의 요리와 서비스에 얼마나 만족했는지를 알아보기 위해서이기도 하지만 그보다는 개선점과 희망사항을 파악하는 것이 더 우선이다. 특정 생선을 맛보고 싶어 하는 사람은 없는지, 같은 생선이라도 요리법을 다르게 해 달라는 주문은 없는지 알아보고 싶은 것이다.

손님들로부터 원하는 바를 직접 들으면 나중에 더 큰 만족을 줄 수 있어서 좋다. 자체적으로 알아서 여러 가지 시도를 할 수도 있지만 발레리의 생각이 손님들의 생각과 반드시 일치한다는 보장은 없기 때문이다. 그리고 음식은 발레리의 입이 아니라 손님들의 입에 맞아야 하는 법이다.

때로 우리는 우리가 직접 말하지 않아도 상대방이 알아서 내 기대를 채워줄 것이라 믿는다. 예컨대 고객들이 모두 자사의 제품에 만족한다고 믿어 의심치 않는 개 사료 제조업체가 있다고 치자. 그 업체는 앞으로도 당연히 그 제품이 잘 팔릴 것이라 기대한다. 그러나 그 기대는 치명적 결과를 초래할 수 있다.

얼핏 보기에는 고객들이 자사가 제조한 개 사료에 만족하는 것 같아도 실제로는 전혀 그렇지 않을 수 있다. 손님은 언제든지 떨어져 나갈 수 있는 법인데 그 점을 뒤늦게 깨달은 기업이 치러야 하는 대가는 결코 가볍지 않다. 배고픈 시민들 모두가 발레리의 레스토랑으로 몰려오는 것은 아니다. 주머니 사정이 여의치 않은 사람들은 노점상에서 감자튀김과 소시지로 끼니를 때우기도 한다. 그 외에도 배고픈 시민들이 간단하게 해결할 끼니거리는 사방에 널려 있다.

노동시장의 상황은 어떨까? 입사를 원하는 지원자들은 전문적인 능력이라는 서비스를 기꺼이 제공하고자 한다. 사원을 채용하는 기업이 그 서비스를 이용하는 고객이 되는 것이다. 그런데 신입사원을 뽑는 기업의 태도는 청바지를 구입하는 청소년과 다를 바 없다. 마음에 드는 동시에 지불할 능력이 되는

'청바지'를 고르는 것이다. 기업은 자사에 필요한 능력과 뚜렷한 동기를 지닌 사원을 채용한다. 뿐만 아니라 지원자가 요구하는 임금수준이 수긍할 수 있는 수준이어야 한다. 그렇게 될 때 서비스를 이용하는 고객, 즉 기업은 만족한다. 발레리의 레스토랑에서도 일도 제대로 못하면서 손님들의 원성만 사는 직원은 오래 발붙이기 어려울 것이다.

제공된 상품이나 서비스에 대해 고객이 만족할지 여부는 아무도 장담할 수 없다. 어떤 물건, 어떤 서비스이든 간에 고객은 구매에 앞서 가격이 합리적인지를 따져본다. 값이 지나치게 비싸다 싶으면 고객은 다른 곳으로 눈길을 돌리거나 아예 아무것도 사지 않는 편을 택한다.

국가의 든든한 지원 아래 지금까지 소개된 8가지 원리를 모두 잘 지킨 기업이라 하더라도 고객들의 불만을 사면 순식간에 무너질 수 있다. 반면 고객의 기대를 충족시킬 수만 있다면, 나아가 기대 이상의 플러스알파를 제공할 수만 있다면 그기업의 미래는 희망적이다. 물론 여기에서 말하는 미래는 고객들이 새로운 상품에 유혹되기 전까지를 의미하니 그리 긴기간은 아니다. 경제생활에 있어 고객의 심판을 피해 갈 수 있는 이는 아무도 없다. 회사원들에게 있어서는 자신들의 서비스를 구매하는 사장이 고객이 된다. 따라서 직원들은 사장이 만족하게끔 업무를 수행해야 한다. 그런가 하면 사장에게는 고객이 왕이다. 사장은 고객들에게 만족과 신뢰를 줄 수 있도록 기업을 운영해야 할 책임과 의무를 지닌다.

제9원리

고객의 만족 여부가 기업과 근로자의 운명을 좌우한다.

고객으로부터 돈이 들어와야 기업과 근로자가 살아남는다. 그렇지 못한 기업은 도태될 수밖에 없다. 그런 의미에서 고객은 엄청난 위력을 지닌다. 하지만 쉽게 유혹당한다는 특징을 지니고 있기도 하다. 발리로 휴가를 떠나면서 햇볕에 화상을 입을까 봐 보험을 드는 사람, 욕실 공기를 정화한답시고 식충 식물을 구입하는 사람, 다가올 160년 동안의 별자리 운세를 알려주는 기능이 딸린 저소음 믹서를 장만하는 사람 등 그다지 필요하지도 않은 물건들을 사는 고객들이 우리 주변에만 해도 얼마나 많은가!

제10원리:
기업은 합법적 틀 내에서 최대한의 이윤을 추구해야 한다

기업가가 벌어들이는 돈을 '이윤'이라 부른다. 직원이 벌어들이는 돈은 '소득'이다. 그러나 이윤과 소득 사이에는 큰 차이가 없다. 두 가지 모두 '벌어들인 돈'이다.

발레리는 손님들의 요구에 늘 세심하게 귀를 기울이고 최고의 만족을 줄 수 있는 방법을 찾기 위해 고심한다. 그런 고민이 있었기에 손님들의 만족도도 높아졌다. 그러한 발레리의 노력과 손님들의 만족이 맞물렸기에 발레리는 많은 돈을 벌고 사업에 성공할 수 있었다.

그러나 손님들을 만족시킨답시고 너무 많은 자원을 투입해서는 안 된다. 앞서 경제 제1원리가 '모든 노동에는 올바른 자원이 필요하다'는 것이라 밝힌 바 있다. 그 자원을 확보하는 데는 당연히 돈이 들어간다. 타인이 제공하는 상품이나 서비스는 일종의 자원이요, 그 자원을 활용하려면 그에 상응하는 대가를 지불하는 것이 마땅하다.

발레리의 레스토랑이 돌아가게 만드는 자원은 직원들과 타 업체로부터 발레리가 구매하는 물품들이다. 직원들과 납품 업체는 임금과 물품대금을 제때 받으려 한다. 그리고 그 돈은 매일 저녁 손님들이 지불하는 음식 값에서 나온다. 따라서 발레리가 활용할 수 있는 자원은 제한적이다. 레스토랑 운영에 들어가는 모든 자원을 합한 비용이 손님들로부터 들어오는 음식 값의 총합을 초과해서는 안 된다. 게다가 대출금에 대한 이자와 세금도 떡하니 버티고 서서 시시각각 발레리를 고민에 빠지게 만든다.

발레리는 지금 팽팽한 줄타기를 하고 있다. 줄의 왼편에는 레스토랑 운영에 꼭 필요한 자원에 대한 지출과 대출이자 등이 버티고 있고 오른편에는 손님들로부터 들어오는 수입이 자리 잡고 있다. 수입과 지출 사이의 균형이 지출 쪽으로 기울어진다는 것은 발레리에게 손실을 의미한다. 저울이 지출 쪽에서 수입 쪽으로 기울기 시작해야 이윤을 창출할 수 있다.

'지출'이라는 말은 우리에게 꽤 익숙하다. 집세부터 시작해 매일 아침 구입하는 빵까지 모든 것이 지출이다. 지출이 늘어났다며 한숨을 내쉬는 경우도 많다. 물가가 다시금 위로 솟

구친 것이다. 특별할인 제품이나 기획 상품이 날개 돋친 듯 팔리는 것도 지출을 줄이려는 소비자들의 노력의 일환이라 볼 수 있다.

'수입'은 수중에 들어오는 돈의 총합이다. '소득'이라는 말과 혼동되어 사용되기도 한다. 직원들이 매달 받는 것도 소득이고 은퇴 후 받는 연금도 소득에 속한다.

그런데 수입과 지출 중 어느 것이 비중이 더 큰지 늘 파악하고 있기가 쉽지 않다. 때문에 발레리는 장부를 기록한다. 발레리는 장부에다 들어오고 나가는 돈은 한 푼도 빠짐없이 기입한다. 반복되는 지루한 일이기는 하지만 그렇다고 장부를 없애버릴 수는 없다. 장부가 있어야 수입과 지출 사이의 균형을 파악할 수 있기 때문이다. 수입이 지출보다 많다면 발레리는 이윤을 낳았으니 기뻐할 것이고 지출이 수입보다 많다면 심각한 고민에 빠져들 것이다. 후자의 경우 어서 적절한 조치를 취하지 않으면 레스토랑이 파산할 수도 있다는 위기감이 발레리를 감쌀 것이다.

모든 경제활동의 결과는 돈으로 측정된다. 물론 합법적인 방법으로 돈을 벌어야 한다는 점은 두말하면 잔소리이다. 기업은 수입이 지출을 앞지르도록 노력해야 한다. 어떤 회사원도 이윤은 낳지 못하고 손실만 기록하는 기업에 자신의 미래를 맡길 수는 없다.

제10원리

기업은 합법적 틀 내에서 최대한의 이윤을 추구해야 한다.

발레리는 레스토랑 운영을 통해 안정적 수입이 보장되고 모든 물질적 고민으로부터 해방되는 날, 그리하여 가족과 함께 여유를 만끽할 수 있는 날을 꿈꾸며 살아간다. 언젠가 그날이 오면 발레리의 인생은 그야말로 '고생 끝, 행복 시작!'이 아닐까.

비밀은 없다 – 경제 꿰뚫어보기

드디어 경제의 10가지 원리를 모두 다 훑어보았다. 지금까지 우리는 자원, 전문성, 경쟁, 화폐, 동기, 능력, 투자, 국가, 고객, 이윤이라는 10가지 분야를 둘러보았다.

이 10가지 원리는 경제계 구석구석을 자세히 들여다볼 수 있는 돋보기와 같다. 그 돋보기를 통해 우리는 경제계에서 어떤 일이, 왜 벌어지는지 보다 분명히 알 수 있다. 지금까지 우리는 그 돋보기를 이용해 경제의 숨은 비밀을 파헤쳐보았다. 그 비밀은 '비밀 아닌 비밀', 즉 자세히 들여다보기만 한다면 누구나 발견할 수 있는 비밀이다. 경제라는 것이 어느 정도는 정해진 원리에 따라 움직이기 때문이다.

경제의 10가지 원리는 마치 장애물 경주 시 넘어야 하는 허들과 같다. 경기에 임하는 선수는 모든 허들, 다시 말해 경제의 모든 원리를 안전하게 뛰어넘어야 한다. 어떤 장애물에도 걸려 넘어져서는 안 된다. 네 번째 원리(화폐가치의 안정에 관한 원리)과 여덟 번째 원리(국가의 역할에 관한 원리)은 국가가 책임져야 할 분야이지만 나머지 모든 분야에 대해서는 선수 자신,

다시 말해 기업 스스로 책임을 져야 한다. 경제적 성공이나 실패는 10가지 경제원리 모두를 올바로 실행에 옮겼는지 여부에 따라 판가름 난다.

발레리는 기업가로서 레스토랑 운영에 필요한 모든 자원을 갖추었다. 확보한 자원을 올바르게 활용했으며 해산물 요리라는 분야로 식당을 특성화하는 데도 성공했다. 사장으로서 레스토랑 내 모든 분야를 조화롭게 조정하고 있기도 하다. 한편 레스토랑 밖에서는 시장에서의 자유경쟁과 가격변동이 경제계에서 일어나는 모든 활동을 조정한다. 그런 가운데 국가는 화폐가치의 안정을 위해 최선을 다한다. 음식점의 소유주인 발레리와 레스토랑의 직원들은 뚜렷한 동기를 지니고 있다. 모두들 업무에 필요한 능력도 갖추었다. 발레리는 낙관적 기대 속에 해산물 레스토랑에 과감하게 투자했고 그 기대는 발레리를 실망시키지 않았다.

경제활동에 필요한 인프라를 국가가 지원하는 가운데 발레리는 열심히 노력했고, 그 결과는 고객들의 만족으로 이어졌다. 기업가인 발레리는 해산물 요리라는 서비스를 판매하고 있고 이를 통해 이윤을 창출한다.

발레리와 직원들은 경제원리라는 힘든 장애물을 극복해왔다. 그러나 그 경주가 땀과 눈물로만 얼룩진 것은 아니었다. 여기까지 달려오는 동안 보람도 많았고 사회적 인정도 받았으며 앞으로의 삶에 대한 비전도 생겼다.

어떤 기업이 사업을 성공적으로 이끌지 못하는 이유, 혹은 경영상의 이유로 직원들을 해고해야 하는 사태에 빠지는 이유는 그다지 복잡하지 않다. 사업을 실패로 돌아가게 만드는 주요 원인 중 하나가 바로 경제의 제9원리(고객만족)를 제대로 지키지 않는 것이다. 고객이 상품이나 서비스를 외면하는 이유는 대개 품질이나 가격이 자신들의 기대와 일치하지 않아서이다. 품질이 떨어지고 값이 비싼데도 불구하고 고객들의 환심을 사는 경우는 없다. '출연료'가 싸다는 이유로 주크박스 두 개를 세워 놓고 뮤지컬 공연을 할 수는 없다. 그리 해 봤자 관객들의 호응을 얻을 수 없다. 또 메뉴는 바꾸지 않은 채 음식값만 두 배로 올리면 손님들의 발길이 끊기게 마련이다.

기업의 운명, 나아가 우리 모두의 일자리를 좌우하는 것은 바로 고객이다. 그렇기 때문에 유연한 태도와 창의성을 지니고 남들보다 앞서 고객의 마음을 사로잡는 것만이 유일한 살 길이다. 고객들의 요구는 시시각각 변화한다. 참신하고 매력적인 상품이나 서비스로 시시각각 변하는 요구에 발맞추는 자세가 필요하다. 유연한 태도와 창의성을 지녀야 고객들의 새로운 요구를 꿰뚫는 눈이 생기고 경쟁사의 매력적인 상품과 서비스를 압도할 수 있는 길이 보인다.

개인, 다시 말해 직원들도 맡은 분야에서 매력적인 상품과 서비스를 꾸준히 개발해야 한다. 그러자면 뚜렷한 동기와 업무능력은 필수적이다. 그렇게 될 때 비로소 일자리를 잃을 것에 대한 두려움을 떨치고 안정적인 미래를 꿈꿀 수 있다. 말은 쉽지만 실천은 쉽지 않은 일이다. 이 꿈은 어떤 이에게는 눈앞에 보이는 현실일 테고 어떤 이에게는 좀체 이루기 힘든 일, 그야말로 꿈에 지나지 않을 것이다.

지금까지 나온 10가지 경제원리는 누가 지금 막 장애물을 뛰어넘으며 목표지점에 가까이 다가가고 있는지, 누가 장애물에 걸려 좌절하고 있는지를 파악하게 해 줄 것이다.

CHAPTER 4

세계화는
요요게임이다

지금까지 아래에서 위를 응시해 왔다
면 이제부터는 위에서 아래를 내려다보려 한다. 지금까지는
땅바닥의 벌레가 위를 올려다보듯(worm's eye view) 요리사이
자 레스토랑 소유주인 발레리를 관찰한 반면 이제부터는 하늘
을 나는 새가 아래를 굽어보듯(bird's eye view) 태국의 경제상
황을 보다 넓은 시각에서 살펴볼 것이다. 많고 많은 나라 중에

태국을 고른 이유는 태국이 동남아시아의 한 가난한 나라가 세계화를 통해 복지국가로 발돋움한 사례를 가장 잘 보여주기 때문이다. 태국은 경제정책상의 심각한 오류가 하룻밤 사이에 국가 전체를 위기에 빠뜨릴 수 있다는 것도 몸소 입증했다. 다행히 태국은 단기간에 심각한 경제위기를 극복하고 다시 일어섰다. 그 모든 것은 마치 요요놀이를 할 때처럼 순식간에 오르락내리락 하며 벌어졌다.

지금은 세계화 시대이다. 태국 경제뿐 아니라 우리의 경제적 안정도 세계화가 지닌 기회와 위험을 어떻게 이용하느냐에 따라 좌우된다.

몇 년에 한 번씩 발레리는 가족과 함께 태국으로 휴가를 떠난다. 물가도 이곳보다 훨씬 낮고 드넓은 모래사장이 펼쳐져 있으며 사람들도 매우 친절하다. 하지만 발레리의 예리한 시선은 태국 사람들이 모두 열심히 일하지만 아직도 빈곤에 시달리는 이들이 많다는 점도 놓치지 않는다.

그렇다면 태국과 같은 나라를 가난에서 벗어나게 하는 길은 무엇일까? 퍼뜩 생각나는 방법은 개발원조금을 늘리는 것이다. 그러나 지금까지 개발원조금만으로 빈곤을 극복하고 복지국가로 발돋움한 전례는 없다. 국제사회의 지원은 절대적 빈곤을 조금 완화하고 굶주림 없는 소박한 삶을 가능하게 해주는 정도에 지나지 않는다.

서구사회의 역사를 봐도 알 수 있듯 복지국가로 가는 길은 자력으로 경제를 일으키는 방법뿐이다. 풍부한 원유 매장량 혹은 천연가스 매장량 덕분에 비교적 쉽게 선진국 대열에 오른 국가도 몇몇 있지만 그것은 어디까지나 예외일 따름이다. 태국은 경제성장을 통해 빈곤을 탈피했다. 복지국가 구현에 있어 태국이 무엇을 잘했고 어떤 실수를 저질렀는지 파악하는 데 있어서도 경제의 10가지 원리가 훌륭한 잣대가 된다.

한눈에 보는 경제의 10대 원리

1. **자원:** 모든 노동에는 올바른 자원이 필요하다.
2. **전문성:** 자기만의 전문성을 개발해야 한다.
3. **경쟁:** 모든 경제활동을 최적으로 조정하는 것은 자유 경쟁 및 수요와 공급의 법칙에 따라 시장가격이 결정되는 제도이다.
4. **화폐:** 국가는 통화정책 및 경쟁정책을 통해 화폐가치를 안정시켜야 할 책임을 지닌다.
5. **동기:** 뚜렷한 동기를 지닌 자만이 경제활동을 성공적으로 수행할 수 있다.
6. **능력:** 성공하고 싶다면 거기에 필요한 능력을 반드시 갖추어야 한다.
7. **투자:** 투자는 경제적 성공과 안정을 위한 전제조건이다.
8. **국가:** 국가는 성공적 경제의 기틀을 마련한다.
9. **고객:** 고객의 만족 여부가 기업과 근로자의 운명을 좌우한다.
10. **이윤:** 기업은 합법적 틀 내에서 최대한의 이윤을 추구해야 한다.

태국 경제의 성장

1980년대 초반까지 태국은 가난한 나라였다. 그러나 인구와 면적으로만 따지면 프랑스와 비슷한 수준이었다. 국민 대부분이 농업에 종사했는데 거기에서 나오는 수입은 보잘것없는데다 불안정하기까지 했다. 도시 지역 공장에서 일하면 그나마 형편이 조금 나았지만 일자리가 부족하다는 것이 문제였다. 그런 가운데도 서비스업인 관광산업은 꾸준히 일자리를 창출하고 있었다.

태국이 빈곤했던 까닭은 전쟁이나 정치적 불안정, 자연재해, 무능한 정부 탓이 아니라 자원부족 때문이었다. 우리는 발레리의 레스토랑을 통해 첫 번째 경제원리의 중요성을 이미 잘 알고 있다. 자원, 즉 생산원리야말로 경제발전의 주춧돌이다. 일반적으로 경제활동에 필요한 자원으로 3가지를 꼽는데 태국의 경우 자본과 전문지식이라는 두 가지 원리가 결핍되어 있었다. 세 번째 생산원리인 노동의 경우, 인구가 많은 태국으로서는 필요 이상으로 넘쳐났다.

첫 번째 생산원리인 자본은 물질적 자본과 비물질적 자본으로 구분된다. 발레리의 레스토랑에 필요한 주방 집기들은 물질적 자본이고 컴퓨터 프로그램 같은 것은 비물질적 자본에 속한다. 두 번째 생산원리인 전문지식은 경제활동을 하는 사람들의 경험과 기술을 의미한다. 발레리의 경우 뛰어난 요리 솜씨가 두 번째 생산원리가 되겠다. 태국의 경우 자본과 전문지식이라는 이 두 가지 자원이 부족했기 때문에 가난을 벗어날 수 없었던 것이다.

 **세계화가 더 나은 미래를 보장할까?**

세계화의 역사는 비교적 길지만 본격적으로 사람들의 입에 오르내리기 시작한 것은 1990년대 동서 간의 냉전이 종식될 무렵부터였다. 세계화란 국가 간의 경계가 해체되고 전 세계가 정치, 경제, 문화적으로 보다 긴밀하게 연결되는 것을 뜻한다. 고도로 발달된 수송체계와 통신기술은 세계화의 가속화에 한 몫을 톡톡히 하고 있다.

전 세계 정치계가 상품과 서비스의 거래 시 뛰어넘어야만

했던 기존의 장벽들을 해체하면서 경제 세계화의 전제조건이 마련되었다. 국가와 국가 간의 무역이 훨씬 더 자유로워진 것이다. 일반 국민들에게도 해외 취업의 문이 예전보다 훨씬 더 넓어졌다. 기업은 세계 어디에서든 상품을 구매하고, 생산하고, 판매할 수 있게 되었다. 그러나 제도가 마련되었다고 해서 아무나 세계무대로 진출할 수 있는 것은 아니다. 동네 빵집 아저씨는 세계화에도 불구하고 여전히 그 자리를 지킬 것이다.

세계화에 발맞춰 시장이 개방되고 이에 따라 경쟁은 한층 더 치열해졌고 언제 어디에서 무슨 일이 터질지 예측하기가 훨씬 더 어려워졌다. 더 나은 제품, 더 나은 서비스를 제공해야 한다는 부담감도 커졌다. 오늘 경쟁자를 물리치고 승리한 자가 내일 당장 패자가 되어버리는 일도 빈번해졌다.

만약 세계화가 없었다면 한국이나 홍콩, 대만, 싱가포르 같은 개발도상국은 지금의 복지국가로 거듭나지 못했을 것이다. 이들 국가는 서방과의 국제무역을 통해 눈부신 성장을 이룩했다.

물론 세계화 속에는 위험원리도 내포되어 있고 그렇기 때문에 세계화를 두려워하는 이들도 많다. 세계화를 비판적인 시각으로 바라보는 이들은 이제 곧 우리의 미래에 어두운 그늘이

드리울 것이라 경고한다. 빈부격차로 인한 사회적 불균형이 확대되고 치열한 경쟁구도 때문에 선진국, 후진국 할 것 없이 일자리가 줄어들 것이며 특히 개도국의 노동력 착취가 심각해질 것이라 한다. 사회복지사업에 필요한 재원이 점점 줄어들면서 사회정의 구현도 어려워진다고 한다. 환경문제에 대한 의식이 둔화될 것이라는 우려도 대두되었다. 다국적 기업과 독재정권이 정치와 경제를 장악하고, 세계 각국은 경제위기에 무방비 상태가 되어버리며, 결국 사회 도처에 치명적 문제가 발생하게 된다는 의견이 분분하다.

거기에는 과장된 부분도 많고 실질적 근거가 없는 우려도 많다. 그러나 분명한 것은 이렇듯 역동성과 함께 불안도 창출하는 세계화가 이제 거스를 수 없는 대세가 되었다는 사실이다. 거기에 대처하기 위해서는 낙관주의와 유연성 있는 태도, 더 나은 실적을 내기 위해 노력하는 자세가 필요하다.

통계와 현실

UN 산하 국제무역개발협의회(UNCTAD)의 자료에 따르면 1980년 2조 달러였던 국제무역 규모는 세계화가 진행되면서

급격히 늘어나 2004년에는 9조 달러까지 성장했다. 특히 북미, 서유럽, 동남아시아, 일본, 중국 등의 상호교역이 두각을 나타냈고, 이들 국가의 복지수준은 세계화로 인해 점점 더 높아지고 있다.

경제의 현대화

1987년 이래 태국 경제는 점점 더 활기를 띠어갔고 국민들의 생활수준도 조금씩 개선되었다. 태국은 자국 시장을 해외에 개방하는 동시에 더 많은 국가에 자국 제품을 수출했다. 경제 현대화를 통해 그때까지 부족했던 부분, 즉 자본과 전문지식을 보완한 것이었다.

대외개방이 이뤄지자 세 번째 경제원리인 경쟁의 원리가 수면으로 떠오르기 시작했다. 서구 기업들이 태국 시장에 그 전보다 훨씬 더 많은 상품과 서비스를 출시했기 때문에 경쟁은 피할 수 없는 수순이었다. 태국 기업들은 수출을 늘리는 방법으로 국제적 경쟁에 맞섰다. 전반적으로 볼 때 경쟁은 태국 경제에 힘을 실어주었다. 태국은 전자제품과 같은 상품과 관광 상품 등의 서비스를 해외에 수출했고, 원유나 기계 등은 해외로부터 사들였다. 수출에 있어 태국은 전문성 개발이라는 두 번째 경제원리에 충실했다. 외국에서 잘 팔릴 법한 상품과 서비스에 에너지를 집중한 것이다.

자국 시장을 개방하고 수출을 늘림으로써 태국은 일석이조의 효과를 얻었다. 경제개방이 이뤄지자 태국 시장 진출을 원하는 외국 기업들과 함께 자본투자와 전문지식이라는 두 마리 토끼가 한꺼번에 굴러들어온 것이었다. 이와 동시에 태국 기업들은 수출을 통해 내수에만 의존했을 때보다 훨씬 더 많은 이윤을 창출했다. 최대이윤 추구라는 열 번째 경제원리를 충족시킨 것이었다. 그렇게 벌어들인 돈인 부족한 자본과 전문지식을 해외에서 끌어들이는 밑거름이 되었다.

해외 기업들에게 있어 태국은 눈독을 들일 만한 시장이었다. 수백만 태국인들이 늘어난 수입에 환호성을 지르며 당장이라도 뛰어가 물건을 사들일 기세였으니 그럴 법도 했다. 거의 모든 태국인들이 이제는 자기도 TV와 냉장고, 자동차를 장만할 때가 되었다고 생각했고, 외국 기업들은 그 기회를 놓칠

세라 발 빠르게 공장과 사무실을 설립하며 태국 국민들이 원하는 것보다 훨씬 더 많은 제품들을 시장에 내놓았다. 외국 기업들이 태국에 진출한 또 다른 이유가 있었다. 서유럽이나 일본의 노동자보다 태국 노동자의 임금이 더 낮다는 것이었다. 저임금 덕분에 생산비가 절감되니 기업들이 태국 진출을 마다할 이유가 없었다. 태국에 공장을 건설한 외국 기업들은 그렇게 저비용으로 생산된 제품을 전 세계로 수출했다.

일본과 유럽 은행들도 갑자기 태국 은행에 수억에 달하는 차관을 승인하겠다고 앞을 다투었다. 돈은 경제활동에 빠져서

는 안 되는 자원이다. 태국 은행은 외국 은행에서 빌린 돈을 자국 기업에 대출해 주었다. 해외 차관은 태국 경제의 성장속 도를 보다 앞당겼다. 경제성장 덕택에 태국은 국가 전반에 낙천적 분위기가 가득했다.

태국 경제의 고도성장

태국 경제는 1990년부터 고공비행에 돌입했다. 태국은 10가지 분야(자원, 전문성, 경쟁, 화폐, 동기, 능력, 투자, 국가, 고객, 이윤)에 관한 경제원리 모두를 모범적으로 실행에 옮겼고 그에 대한 보상으로 경제적 안정을 얻었다.

첫 번째 원리에 따라 태국 경제는 생산에 필요한 기본원리 세 가지 중 자본과 전문지식을 일부 스스로 확보하고 부족한 부분은 해외에서 지원받았다. 세 번째 원리인 노동력은 자국 국민으로도 충분히 충당할 수 있었다.

그리고 두 번째 경제원리에 따라 제한된 분야로 전문성을 집중시켰다. 그 중 하나가 서비스 산업인 관광 분야를 발전시킨 것이었다. 풍부한 값싼 노동력을 바탕으로 고도의 기술을 요하지 않는 산업 분야에 수출산업을 집약시킨 것도 특성화의 일환이었다. 이로 인해 섬유나 전자 산업 등에서 수많은 고용이 창출되었다. 반면 기술적으로 복잡한 비행기 제작 등에는 애초부터 발을 들이지 않았다. 그러기에는 가진 자본과 전문 지식이 너무도 부족했다.

다양한 경제활동을 조정하는 업무는 세 번째 경제원리에 따라 자유경쟁과 시장에서의 가격변동에 맡겼다. 대외적으로 시장을 개방한 결과 태국 경제의 자생력이 증가되었고, 태국 기업들은 그만큼 국제 경쟁력을 확보했다. 화폐가치가 안정되어야 한다는 네 번째 원리도 무리 없이 충족되었다. 인플레이션을 막기 위한 정부의 노력 덕택이었다. 뚜렷한 동기를 지녀야 한다는 다섯 번째 원리 역시 태국인들에게는 아무런 문제가 되지 않았다.

뿐만 아니라 태국인들은 업무에 필요한 능력을 배우고 익히려는 자세도 갖추고 있었다. 이로써 여섯 번째 원리도 충족된 셈이다. 경제 전반에 대한 낙관적 분위기 때문에 자국 기업, 타국 기업 할 것 없이 모두 과감한 투자를 단행했다. 이것이 바로 성공적 경제를 위한 일곱 번째 원리이다. 투자자금은 국고에서 출자되기도 했지만 대부분은 해외 차관으로 조달했는데, 이는 자국 경제에 커다란 힘을 실어주기 위한 어쩔 수 없는 조치였다.

여덟 번째 원리는 국가의 몫이었다. 태국 정부는 자국 경제가 원활하게 돌아갈 수 있는 전제조건(경찰, 법적 제도, 인프라)을 구축했다. 기업인들도 아홉 번째 원칙에 입각해 국내외를 막론하고 고객들이 선호하고 기꺼이 구매할 만한 상품과 서비스를 제공했다. 이 모든 노력의 결과 태국 기업들은 열 번째이자 마지막 성공의 원리, 즉 이윤을 낳아야 한다는 원리까지 정복했다.

발레리의 경우든 태국 경제의 경우든 성공이 우연은 아니었다. 10가지 경제원리 모두를 완벽하게 실천에 옮긴 노력의 결과였다. 물론 약간의 행운도 따랐다. 아무리 요리가 맛있어도 손님들로부터 외면당할 가능성은 늘 존재하지 않는가. 또 태국이 아무리 자국 시장을 개방한들 외국 기업이 거들떠보지도 않았을 수도 있는 것이다.

# 기업이 해외에 투자하면 국내의 일자리는 줄어들까?

태국 경제를 일으킨 견인차는 외국인들의 투자였다고 해도 과언이 아니다. 본디 돈이 있는 곳에 일자리가 생겨나는 법이다. 그런데 만일 점점 더 많은 기업들이 서유럽이나 미국, 일본을 외면한 채 저임금 국가들(태국, 인도, 브라질 등)에만 투자한다면 선진국의 일자리는 줄어들까?

공장을 이전함에 따라 이곳에 있던 일자리가 다른 곳으로 이동하는 것은 분명하니 어느 정도는 일리가 있는 말이다. 그러나 많은 이들이 주장하는 것만큼 피해가 크지는 않다. 따라서 야단법석을 떨 일이 못된다. 무엇보다 그렇게 이동되는 일자리들은 대부분은 그다지 높은 교육수준을 요구하지 않는 직종들이라는 점에 주목할 필요성이 있다.

기업의 해외 이전으로 인해 일자리를 잃은 노동자는 새로운 직장을 구할 수밖에 없는데, 그러자면 유연한 태도로 새로운 기술을 습득하거나 자신이 가진 기술을 업그레이드시키려는 노력이 필요하다. 이제 한두 개 기업에서 평생 일할 수 있는 시대는 지나갔다. 어쩌면 일생 동안 직장을 열 번 이상 옮겨야 할지도 모를 일이다.

전문적 기술을 요하는 직종은 대개 선진국에 그대로 머무른다. 게다가 택시 운전수, 상점의 점원, 건물관리인 등 제아무리 이윤에 눈먼 기업가라 하더라도 저임금 국가로 도저히 이전시킬 수 없는 직종도 적지 않다.

어느 나라, 어느 경제를 막론하고 세계화 여부와 상관없이 사라지는 일자리는 있게 마련이다. 또 없어지는 것이 있으면 나타나는 것도 있게 마련이다. 게다가 세계화를 한다고 해서 무조건 일자리가 줄어드는 것도 아니다. 오히려 고용이 창출되기도 한다. 상품과 서비스를 구입할 고객이 자국민에서 전 세계 모든 인구로 확대되기 때문이다.

예컨대 태국 사람들이 열심히 일해서 번 돈으로 선진국 제품을 구입하는 일도 많지 않은가. 그 경우, 선진국에서의 고용 창출 효과를 기대할 수 있다.

고객의 입장에서는 세계화 덕분에 태국에서 생산된 제품을 싼 값에 살 수 있다는 장점이 있다. 그렇게 절약한 비용을 모아뒀다가 다른 용도에 쓸 수도 있다. 어떤 경우든 세계화로 인해 자국 내에서 해야 할 일이 완전히 사라지는 사태는 벌어지지 않는다. 다만 일의 종류가 달라질 뿐이다. 100년 전만 하더라도 헬스 트레이너, 심리학자, 스쿠버다이빙 강사와 같은 직업은 상상도 하지 못했다. 앞으로 20년, 혹은 50년 후 어떤 직종이 생겨날지 분명히 예측할 수 있는 사람은 없지만 새로운 일자리는 분명 생겨날 것이다.

세계화는 우리의 직업세계를 급속도로 변화시키고 있다. 그렇기 때문에 겁이 나기도 하지만 스릴이 느껴지기도 한다. 잃을 것밖에 없다고 생각하면 두려울 뿐이겠지만 앞날을 낙관적으로 내다보면 조금 다른 시각을 지니게 될 것이다.

통계와 현실

국제무역개발협의회(UNCTAD)의 발표에 따르면 2002년 전 세계적으로 이뤄진 해외 투자 총액 중 93퍼센트, 다시 말해 6,500억 달러가 선진국에서 출자되었고 그 중 70퍼센트 이상이 다시 선진국으로 흘러들어갔다고 한다. 해외투자 총액 중 아시아에 투자된 자금이 차지하는 비중은 15퍼센트 선인데, 특히 중국이 외국인투자자들을 자석처럼 끌어당겼다고 한다. 중국의 경제성장률이 아프리카, 라틴아메리카, 중유럽과 동유럽 등 해외 투자가 미미한 국가들보다 훨씬 더 높다는 점은 세계화에 대해 다시 한 번 생각해 볼 필요성을 느끼게 해 준다.

호황기는 모두가 행복한 시기

경제에는 경기라 불리는 특별한 역동적 원리가 있다. 경기는 위로 상승하기도 하고 아래로 하강하기도 한다. 모든 것이 상승곡선을 그리는 시기를 우리는 '호황' 혹은 '호경기'라 부른다. 호경기는 빠른 속도로 패스가 이뤄지는 축구 경기를 방불케 한다. 태국의 호황기 때 경제 분야의 각 주체들은 다음과 같이 공을 주고받았다.

우선 자국과 타국의 기업이 활발한 투자를 개시했다. 공장이 생겨났고 점포와 사무실이 뒤질세라 문을 열었다. 물론 직원들도 채용했다. 기업들은 투자를 통해 앞으로 더 많은 상품과 서비스를 팔 수 있다는 낙관적 기대에 부풀었다.

노동의 대가로 주머니가 두둑해진 국민들은 물건을 살 수 있는 구매력을 확보했다. 태국인들은 노동으로 벌어들인 대가를 기꺼이 소비했다. 앞으로도 일자리가 보장된다는 확신과 낙관적 기대가 있기 때문이었다. 그들은 고객이 되어 기업으로부터 받은 돈을 다시 기업에 지불했고 기업은 그 돈을 투자해서 더 많은 일자리를 창출했다.

매상이 늘어나자 기업은 점점 더 낙관적으로 미래를 내다보았고 과감한 시도도 마다하지 않았다. 이에 따라 기업의 금고도 활짝 열렸다. 새로운 공장들이 우후죽순처럼 건축되었고 가게와 사무실도 늘어났다. 다시금 대규모 채용이 이뤄졌다. 새로운 일꾼들 역시 기업의 고객, 즉 소비자가 되어 벌어들인 돈을 활발히 지출했다.

수십억에 달하는 해외 차관이 없었다면 태국은 그 정도의 호황을 누릴 수 없었을 것이다. 자금이 있었기에 태국 기업들은 안심하고 더 많은 곳에 투자할 수 있었다. 새로운 기업, 새로운 일자리가 늘어난 것도 다 자금투자 덕분이었다. 그 결과 수출이 늘어났고 매출도 신장했다. 예전보다 수입이 늘어났다며 기뻐하는 국민의 수가 많아졌다. 그들은 주머니에 들어온 돈을 다시금 물건을 사는 데 지출했다.

기업뿐 아니라 개인의 대출도 늘어났다. 국민들은 은행에서 빌린 돈으로 그동안 꿈꿔왔던 물건들을 손에 넣었다.

이렇듯 태국의 기업과 직원 그리고 고객은 빠른 속도로 공을 주고받았다. 그러한 호황의 시발점은 해외 차관과 은행이었고, 경제 전반에 흐르는 낙관적 분위기는 게임의 속도를 결정적으로 앞당겼다. 태국 경제는 이렇게 성장해 갔고 이로써 경제적 안정을 얻을 수도 있었다.

선진국 경제가 호황을 맞는 원리도 원칙적으로 태국의 경우와 유사하다. 모든 것이 이렇게 잘 굴러가고 장밋빛으로 반짝이기만 한다면 발레리와 레옹도 큰 어려움 없이 돈을 벌어들일 것이다.

태국 경제의 몰락

1997년 여름, 그동안의 축제분위기가 하루아침에 수그러들었다. 경제위기는 마른하늘에 날벼락처럼 태국을 강타했다. 낙관주의와 확신은 사라지고 비관주의와 공포감이 그 자리를 대신하면서 태국 경제는 순식간에 무너졌다. 실제로 태국 경제 와해의 최대 주범이 바로 비관주의와 공포감이었다.

갑작스런 분위기 반전의 기폭제가 된 것은 주식과 부동산 시장의 투기열풍이었다. 우리는 장차 가치가 상승될 것을 기대하고 부동산에 투자한다. 그 기대가 맞아떨어진다면 사들인 부동산을 되팔 때 이윤을 남기거나 집세, 건물세로 짭짤한 수익을 올린다. 반대로 집값이 떨어질 경우, 이윤은커녕 손해나 보지 않으면 다행이다. 당시 태국 사람 대부분이 뒤질세라 부동산에 투자했고 증권시장의 상황도 비슷했다. 그런데 주가가 끝을 모른 채 떨어지기 시작했던 것이다.

문제는 수십억에 달하는 투기자본이 모두 해외에서 빌려 온 돈이라는 사실이었다. 너나 할 것 없이 빌린 돈으로 투기열 풍에 가세했는데 잘못된 예측으로 그 돈이 모두 공중 분해되고 말았다. 거품이 수면으로 떠오르다 못해 부글부글 끓어오르자 외국 은행들은 투자의 물꼬를 순식간에 막아버렸다. 외국 은행은 더 이상 태국에 돈을 빌려주지 않았고 태국은 자금 시장과 함께 국민경제 전부가 허물어지는 비극을 손 놓고 지켜봐야 했다.

해외 차관과 외국인 투자 덕분에 태국 경제는 현대화를 실현했고 고품질의 상품과 서비스를 제공하는 태국 기업들도 대거 늘어났다. 직원과 간부들의 업무능력도 향상되었고 모두들 뚜렷한 동기도 지니고 있었다. 그러나 빚에 허덕이지 않는 기업이 거의 없다시피 한 상황에서는 그 모든 것이 아무런 도움이 되지 않았다. 계속해서 기업을 운영하고 일자리를 창출하려면 다시 자금이 수혈되어야만 했다. 기업뿐 아니라 개인도 소비열풍으로 모두들 거액의 대출금을 떠안은 상황이었다.

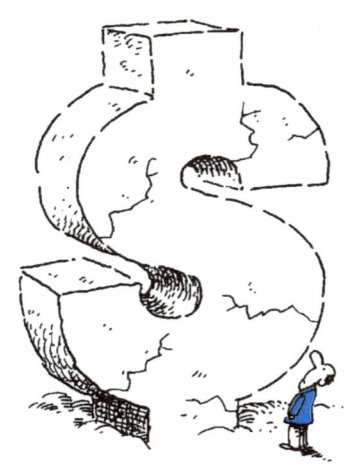

태국 정부는 대출 증가와 투기열풍을 좌시하기만 했다. 태국의 경제적 안정은 스스로의 노력의 대가이기도 했지만 그보다는 해외 차관의 힘과 공이 더 컸기에 정부로서도 딱히 손쓸 방법이 없었을 것이다. 외국 은행들이 빌려준 돈을 제때에 받을 수 있다는 확신을 지니고 있는 한, 차관을 너무 겁낼 필요는 없다. 그런데 바로 그러한 확신이 사라지고 만 것이었다.

태국 경제는 경제의 제7원리, 즉 투자에 관한 원리와 이윤에 관한 제10원리를 경시했기 때문에 무너지고 말았다. 너무 많은 돈이 투자보다는 소비와 투기에 지출되었고 빚이 없는 개인과 기업을 찾아보기 어려웠다. 이윤을 남기는 기업도 드물었다. 그 모든 실수의 결과가 1997년 여름, 모두의 눈앞에 거짓말처럼 펼쳐졌다.

 ## 자금수혈이 만병통치약일까?

누구도 원하지 않지만 그럼에도 불구하고 주기적으로 닥치는 것이 바로 경제위기이다. 고실업과 때로는 사회적 위기까지

동반하는 경제위기를 최대한 빠른 시일 내에 극복하고 싶지 않은 사람은 없다. 그렇다면 경제위기는 어떻게 해야 극복할 수 있을까? 바닥에 쓰러져 신음하는 경제에 거액의 자금을 수혈하는 것보다 더 간단한 처방약은 없다. 태국도 1999년 이후의 심각한 경제위기를 자금수혈로 타개했다. 지금 태국 경제는 다시 빠른 속도로 성장하고 있다.

미래에 대한 걱정, 실직에 대한 두려움은 소비자의 지갑을 닫아버린다. 기업도 아무런 희망 없이 매출이 줄어드는 것을 발을 동동 구르며 지켜볼 수밖에 없다. 그럴 때 기업이 취할 수 있는 조치는 해고밖에 없고 이에 따라 실업률은 높아진다. 사회 전반에 만연한 비관주의와 개인의 소비위축 그리고 기업의 투자위축 등은 악순환으로 이어진다. 그 고리를 끊으려면 국가가 상황을 적절히 고려하며 시중에 돈을 풀어야 한다. 대부분의 경우, 국가는 다시금 차관을 내어 그 돈을 충당한다.

우선 정부는 세금과 중앙은행의 금리를 인하하여 대출이자를 낮추고 국민들의 생활수준을 개선하는 조치를 취할 수 있다. 결과적으로 국민들의 손에 남는 돈의 액수가 커지고 그 돈은 소비로 이어지며 국민들이 지출한 돈은 기업의 매출이 되고 그 돈이 임금이 되어 다시금 국민들의 수중에 들어온다. 이러한 소비를 통해 지속적인 구매력을 지닐 수 있는 것이다.

그렇다면 기업에 대해서는 국가가 어떤 식으로 도울 수 있을까? 도로나 교량 등 사회간접자본 구축 공사를 발주하여 기업에 일거리를 줄 수 있다. 나아가 개인에 대해서와 마찬가지로 세금을 인하하고 중앙은행을 통해 대출금리를 낮출 수도 있다. 태국 정부도 심각한 경제위기를 극복하고 경제를 회생시키기 위해 거액의 차관을 도입하는 방법 등의 정책을 택했다. 그 결과 경제 전반에 다시 낙관주의와 신뢰가 싹텄다. 기꺼이 투자하려는 기업, 기꺼이 소비하려는 사람도 다시 늘어났다. 자금을 투자하고 대출하며 태국의 경제성장을 지원한 국가도 늘어났다.

통계와 현실

미국도 빚을 내어서라도 자금을 수혈하는 정책을 통해 2001년의 경제위기를 극복했다. 미국인들이 낙관론자였기에 가능한 일이었다. 미국인들은 더 많은 소비를 위해 대출받는 것을 주저하지 않았고 이는 경제계에 활기를 불어넣었다. 반면 일본은 1992년부터 2002년까지 이어진 심각한 경제위기를 타개하기 위해 거액의 자금을 투입했지만 성공을 거두지 못했다. 일본 국민들은 비관론자였던 것이다. 자금난에 허덕이던 일본 은행들도 더 이상 고객들에게 대출을 하지 않으려 했다. 정부가 아무리 많은 돈을 투입해도 경제는 도무지 도약할 기미를 보이지 않았다. 한마디로 어떤 방법도 통하지 않았다. 결국 일본은 경제위기로 인해 4조 달러에 달하는 빚만 떠안았다. 자금 수혈이 경제위기를 극복하는 수단이 될 때도 있지만 어떤 경우에든 다 통하는 만병통치약은 아니라는 점을 일본의 사례를 통해 알 수 있다.

호황과 불황의 순환

발레리의 레스토랑 그리고 태국 경제의 급성장과 몰락은 10가지 경제원리(자원, 전문성, 경쟁, 화폐, 동기, 능력, 투자, 국가, 고객, 이윤)의 의미를 새삼 일깨운다.

우리는 경제와 더불어 살면서 많은 궁금증들은 지닌다. 하지만 그 모든 궁금증들은 결국 한 가지 질문, 즉 '어떻게 하면 내일에는 오늘보다 더 큰 파이를 먹을 수 있을까?' 하는 것으로 요약된다. 이 질문은 매우 이성적이고 소박한 것이다. 실제로 우리는 좀 더 큰 파이를 먹는 것보다 훨씬 더 원대한 포부를 품는다. 하지만 그 포부도 결국 파이의 크기를 늘리는 것에서 시작한다. 따라서 파이 이야기를 계속해 보겠다. 어제보다 오늘 식탁위에 더 큰 파이가 오르는 것은 우연의 일치가 아니다. 분명한 원인에 따른 결과이고, 그 원인은 바로 10가지 경제원리에 있다. 보다 정확히 말하자면 그 원리들을 얼마나 잘 실천에 옮기느냐 하는 것이 바로 더 큰 파이를 만드는 재료가 된다.

10가지 원리 모두가 제대로 이행될 때 비로소 경제가 안정되고 성장할 수 있다. 약간의 운이 더해진다면 그야말로 금상첨화이다. 그러나 그렇게 얻어진 안정도 영원히 지속되지는 않는다. 언젠가는 다시 위기가 도래하게 마련이다. 호황과 위기는 끊임없이 반복된다는 특징을 지니고 있는데 그 누구도 이러한 순환을 막을 수 없다. 호황과 불황이 번갈아 나타나는 이유는 바로 경제가 인간에 의해 굴러가는 것이기 때문이다. 사람에게는 감정이라는 것이 있고 그 감정은 언제든지 바뀔 수 있다. 조금만 더 잘살고 싶다는 바람이 비이성적인 물욕으로 변질되는 것도 한순간이다. 나아가 불확실한 미래에 대한 두려움과 기존에 달성한 경제적 안정이 붕괴될 것에 대한 우려는 도를 넘어선 공포감으로 이어져 그야말로 눈에 뵈는 것이 없게 만들 수도 있다.

경제활동을 하는 사람은 누구나 언제든지 극단적 감정, 극단적 행동에 휘말릴 개연성을 지니고 있다. 그렇기 때문에 호황기를 최대한 오래 유지하고 불황기를 최대한 단축하고 싶다면 선견지명과 혜안을 지닌 경제정책을 펼쳐야 한다.

세계화는 우리에게 불황을 단시간에 호황으로 전환하고 보다 나은 복지사회를 구축할 수 있는 기회를 제공했다. 하지만 안타깝게도 세계화는 우리 경제를 순식간에 위기로 몰아넣을 수도 있다. 호황 혹은 경제위기가 언제, 어느 때 닥칠지 정확히 예측하기란 거의 불가능하다. 그러나 그간의 경험은 우리에게 귀중한 가르침을 주었다. 그 가르침에 따르면 보다 많은 사람들이 잘사는 사회를 구축하는 유일한 방법은 바로 국제무역을 활성화하고 시장을 개방하며 치열하되 공정한 경쟁을 북돋우는 방법뿐이다.

CHAPTER 5

생활 속
경제원리

경제 없이 살 수 있는 사람은 아무도 없다. 그러나 경제와 더불어 사는 삶이 늘 복에 겨운 것은 아니다. 포크와 나이프 제조업체에 다니는 레옹 역시 경제의 테두리 안에 살고 있지만, 우리와 마찬가지로 경제에 대해 다분한 의구심과 회의를 품고 있다.

그렇다면 10가지 경제원리를 알고 나면 경제를 바라보는 레옹의 시각이 조금 더 여유로워지고 조금 덜 비판적으로 바뀔 수 있을까?

어느 날 레옹은 신문을 펼쳤다가 우연히 10가지 경제원리의 요점정리를 발견한다. 기사를 읽고 나니 그 원리들을 자신의 생활에도 적용할 수 있을까 하는 호기심이 발동한다. 그 원리들은 과연 경제라는 요지경을 보다 분명히 보여주는 도구가 되어줄까?

주변에서 흔히 일어나지만 원인을 알 수 없는 수많은 일들은 레옹을 까닭 없는 불안에 빠뜨렸다. 드라큘라, 혹은 뱀파이어라 불리는 사장, 실직에 대한 두려움, 승자와 패자를 판가름하는 치열한 경쟁, 연금의 불투명한 미래, 세계화 등 레옹의 심기를 불편하게 만드는 원리는 도처에 널려 있다. 그런 생각을 하고 있자니 레옹은 혈압이 솟구치는 느낌이 든다.

10가지 경제원리는 경제계를 통찰할 수 있는 돋보기 혹은 투시경 역할을 한다. 경제 돋보기를 통해 보면 경제 세계의 구석구석과 각 구성원리들 간의 연관관계를 보다 분명히 들여다볼 수 있다. 레옹도 그 돋보기를 이용해 지금까지와는 다른 방식으로 경제계를 탐사하려 한다.

예를 들어 일본문화를 자세히 들여다보기 위해서는 먼저 일본어부터 배워야 하는데, 말을 배우는 데만 수년이 소요된다. 그러나 경제의 경우는 다르다. 경제 돋보기만 있으면 눈이 활짝 뜨이기 때문이다. 이 책을 다 읽고 나면 독자들의 눈에 이 돋보기가 아마도 늘 쓰고 다니는 안경처럼 자리 잡을 것이다.

이제 생활 속 10가지 사례를 통해 레옹이 어떤 식으로 10가지 경제원리를 활용하는지 함께 지켜보자. 이야기는 주로 레옹의 생각과 행동으로 구성되지만 중간 중간 독자들의 이해를 돕기 위해 설명을 덧붙이기도 했다.

한눈에 보는 경제의 10대 원리

1. **자원:** 모든 노동에는 올바른 자원이 필요하다.
2. **전문성:** 자기만의 전문성을 개발해야 한다.
3. **경쟁:** 모든 경제활동을 최적으로 조정하는 것은 자유 경쟁 및 수요와 공급의 법칙에 따라 시장가격이 결정되는 제도이다.
4. **화폐:** 국가는 통화정책 및 경쟁정책을 통해 화폐가치를 안정시켜야 할 책임을 지닌다.
5. **동기:** 뚜렷한 동기를 지닌 자만이 경제활동을 성공적으로 수행할 수 있다.
6. **능력:** 성공하고 싶다면 거기에 필요한 능력을 반드시 갖추어야 한다.
7. **투자:** 투자는 경제적 성공과 안정을 위한 전제조건이다.
8. **국가:** 국가는 성공적 경제의 기틀을 마련한다.
9. **고객:** 고객의 만족 여부가 기업과 근로자의 운명을 좌우한다.
10. **이윤:** 기업은 합법적 틀 내에서 최대한의 이윤을 추구해야 한다.

사례 1: 창업

열혈 뱀파이어'의 생활

레옹의 사장이 처음부터 뱀파이어였던 것은 아니다. 사장도 예전에는 레옹과 다름없는 평범한 회사원이었다. 그런데 지금은 평생 써도 다 못 쓸 만큼의 돈을 벌고 있다. 레옹의 회사에서 만든 포크와 나이프가 만들기가 무섭게 전 세계 각국으로 팔려나가기 때문이다. 그런데 어쩌다가 평범한 직원이 뱀파이어가 되어버렸을까? 그리고 뱀파이어의 하루는 어떤 모습일까?

레옹은 10개의 경제원리를 단서로 삼아 사장의 족적을 따라간다. 사장이 뱀파이어로 변신하는 데 있어 우선 필요한 것은 올바른 사업 아이디어와 거기에 필요한 능력 그리고 충분한 투자자금이다. 이어 사장은 다섯, 여섯, 일곱 번째 경제원리, 다시 말해 동기와 능력과 투자를 실행에 옮긴다. 본디 사업을 시작할 때 가장 밑바탕이 되는 것은 성공을 보장하고 동기를 부여해 주는 비즈니스 아이디어이다. 거기에 그런 아이디어를 사업 성공으로 이어갈 수 있는 능력이 더해져야 하는 것이다. 기업가라면 성공을 거둘 수 있는 능력을 이미 지니고 있어야 한다. 그렇지 않은 경우라면 최대한 빠른 시일 내에 그러한 능력을 구비해야 한다.

한편 각종 집기나 직원채용에 투자하지 않는 창업이란 있을 수 없다. 사장은 아마 이를 위해 자기 주머니를 터는 동시에 은행에서 대출을 받기도 했을 것이다. 그런 다음에는 첫 번째 경제원리에 따라 장차 탄생할 기업에 필요한 자원을 선별했을 것이다. 포크, 나이프, 티스푼 등을 생산하는 기계는 분명 목욕용 장난감을 만드는 기계와는 다르니, 거기에 알맞은 기계를 구입해야 했을 터이고, 무엇보다 능력 있는 일꾼이 필요했을 것이다.

레옹의 사장은 두 번째 경제원리에 충실했다. 사장은 양식기 분야가 전망이 밝다고 믿었고, 그 분야에만 사업을 집중시켰다. 자유경쟁이라는 세 번째 경제원리 속에서 살아남기 위해 사장은 최고의 품질과 명성 그리고 합리적 가격에 승부를 걸었다. 게다가 사장은 고객의 요구를 본능적으로 감지하는 재능도 지녔다. 아홉 번째 경제원칙도 충족한 것이다. 그러고 나니 열 번째 경제원리, 즉 기업은 이윤을 낳아야 한다는 원리도 자연스레 실현되었다. 사장이 열심히 뛰는 동안 네 번째 원리와 여덟 번째 원리(화폐가치의 안정 및 원활한 경제순환을 위한 원리)는 국가가 도맡아주었다.

기업의 사장은 이 10가지 경제원리를 늘 염두에 두고 매일 실천에 옮겨야 한다. 그리하면 경제적 성공이라는 보상이 주어지고 나아가 직원들에게 비교적 안정적인 일자리를 보장해 줄 수도 있다.

이제 레옹은 뱀파이어가 되는 방법과 뱀파이어의 하루에 대해 어느 정도 감을 잡았다. 뱀파이어가 되고 경제적 성공을 거두는 일은 그야말로 지축을 뒤흔들 만큼 피곤한 일이다! 아무래도 자신은 뱀파이어가 되기에는 조금 게으른 것 같다는 생각으로 레옹은 하루를 마감한다.

 **경제와 도덕은 영원한 맞수일까?**

돈과 성공을 둘러싼 경쟁에 있어 도덕이 비집고 들어갈 틈은 없는 듯하다. 비리와 사기, 환경 스캔들, 최고경영자들의 부

정축재, 노동자 착취 등 각종 부정적 소식이 하루가 멀다 하고 지면을 가득 채운다. 그런데 도덕의 부재에 대한 한탄은 여기 저기서 들려오지만 해법을 제시하는 목소리는 드물다.

도덕은 억지로 강요해서 되는 것이 아니다. 자발적으로 받아 들이고 거기에 위배되는 일을 저질렀을 시에는 양심의 가책을 느껴야 하며 사회적 지탄에 대한 수치심을 스스로 지니고 있어 야 한다. 경제가 도덕을 지나치게 무시할 경우 법이 경제를 심 판한다.

누구나 법 앞에서 평등하기에 국가는 법을 무시한 자를 심 판대에 올릴 수 있다. 그러나 경제계에서 일어나는 모든 문제 를 법으로 해결하고 처단하기에는 현실적으로 무리가 따른다. 국가가 너무 세세한 부분까지 간섭하면 자유경쟁이 제대로 이 뤄질 수 없고, 자유경쟁이 보장되지 않으면 역동적인 성장이 어려워지며, 이에 따라 복지국가 구축을 위한 발걸음에도 제동 이 걸린다.

도덕적으로 용납하기 어려운 문제가 터진 다음에야 법의 심 판이 이뤄진다는 것 또한 커다란 문제이다. 예컨대 치명적 화 학약품으로 인한 피해가 발생한 후에야 공권력이 동원되지 않는가. 그러나 뭐니 뭐니 해도 가장 근본적인 문제는 빠져나갈 구멍이 없는 법은 존재하지 않는다는 것이다.

각 사회에 통용되는 도덕과 법을 너무 무시한 나머지, 사회적으로 용인받지 못하는 경제는 장기적인 성공을 거둘 수 없다. 도덕에 관한 토론이 불거질 때마다 으레 제기되는 문제가 바로 '기업이 누구한테 책임의식을 느껴야 하느냐' 하는 것이다. 그저 이윤을 최대한 추구하고 투자자, 즉 기업 소유주의 배만 불리면 되는 것일까? 협력업체나 직원, 고객, 경쟁업체, 투자자, 환경 문제, 다음 세대와 사회공동체 모두를 위해 공정한 태도를 견지해야 하는 것은 아닐까? 이 문제에 대해서는 아직도 시원한 대답이 나오지 않았고 앞으로도 오랫동안 정답을 찾는 노력이 계속되어야 할 것이다.

그런데 불행 중 다행인지, 경제계가 자신의 이익을 위해서라도 도덕을 존중해야 할 이유가 충분히 존재한다. 그로 인해 우선은 이익이 줄어들 수밖에 없다 하더라도 기업이 도덕을 완전히 무시할 수는 없다. 도덕적으로 무결한 기업은 평판이 좋다. 그렇지 못한 기업에 비해 소비자들의 반감을 살 위험도 적다. 나아가 내가 양심적으로 행동할 때 비로소 남들에게도 양심을 기대할 수 있는 법이다. 또 도덕에 충실하고 올바른 행동양식을 존중하는 기업은 그렇지 못한 기업에게 돌아가는 국가의 세금 철퇴나 엄중한 처벌을 피할 수 있다. 그런 의미에서 경제계를 향한 도덕 재무장 요구는 기업에게나 소비자에게나 득이 되는 일이다. 그리고 그러한 요구는 부족하고 나약한 인간이 경제를 이끄는 한 사라지지 않을 것이다.

끝없는 스트레스

레옹의 사장은 고객의 마음을 사로잡기 위해 수많은 기업들과 경쟁해야 한다. 우리가 다양한 포크와 나이프 중 마음에 드는 것을 고를 수 있게 된 것도 그러한 경쟁 덕분이다. 다행히 레옹이 다니는 회사는 비교적 경쟁력을 지닌 업체인 듯하다. 사업규모도 꾸준히 확대되고 신입사원 채용도 계속된다. 그런저런 상황들을 보니 레옹은 앞으로도 일자리를 잃을까 걱정할 필요는 없겠다는 생각이 든다. 그러나 이 상황이 언제까지 지속될지는 모르는 일이다. 경쟁 체제 하에서는 자기가 다니는 회사가 앞으로도 계속 고객들의 마음을 사로잡고 꾸준히 이윤을 남겨야 일자리 보전이 가능하다. 이 시점에서 레옹은 자문해 본다. 실질적으로 내 밥줄을 보장해 주는 것은 사장이 아니라 고객들인데, 그 고객들이란 대체 어떤 사람들일까?

어느 집이든 양식기는 이미 한 벌씩은 갖춰 놓고 산다. 포크와 나이프 대신 수저를 사용하는 민족도 있고 그냥 손으로 밥을 먹는 민족도 있다. 그러나 그런 사람들 중에도 양식기를 한 벌쯤은 구비해 두는 이들이 많다. 어떤 물건이든 반드시 필요해야 구입하는 것은 아니다. 전혀 필요 없는 물건들을 사는 소비자들도 꽤 많다.

활용도가 높지 않은 물건을 생산해서 큰 이윤을 남길 수 있는 가능성은 높지 않지만, 그렇다고 그런 사업이 반드시 실패로 돌아가라는 법도 없다. 관건은 고객을 만족시키는 것이다. 이 아홉 번째 경제원리를 충족시키기 위해 레옹의 회사는 오늘도 더 나은 품질, 더 낮은 가격을 위해 노력하고 있다. 회사의 이름을 더 널리 알리기 위한 노력도 중단하지 않는다. 레옹은 사장이 품질과 가격 그리고 명성을 왜 그리 중시하는지도 알 것 같다.

사장은 품질을 향상해야 한다는 말을 입에 달고 살다시피 한다. 제품과 회사의 이름을 널리 알리기 위한 홍보와 광고에 거금을 투자하기도 한다. 한편 제품의 값은 유동적이다. 주요 경쟁업체가 제품 값을 올리거나 내렸다는 소식이 매달 들려온다. 사장은 가격변동 추이를 살피는 한편 경제 제7원리에 따라 새로운 기계와 신입사원 채용에 자금을 투자한다. 그 자금은 경제 제10원리(이윤)에서 비롯되는 것이다. 때로는 그 자금을 충당하기 위해 대출을 받고 이자까지 지불해야 할 때도 있지만, 그런 점을 감수하고라도 기업은 이윤을 창출해야 한다는 것이 사장의 신념이다. 고객들에게 물건을 팔아 회사로 들어온 돈이 생산과 홍보, 직원들의 월급, 이자나 세금 지출을 합한 것보다는 더 많아야 한다는 것도 사장의 굳은 의지에 속한다.

곰곰이 생각해 보니 고객이란 도처에 널려 있으면서도 어디에서도 찾을 수 없는 사람들이라는 생각이 든다. 시장이 전 세계로 확장되면 고객을 만날 수 있는 기회도 커지지만 아무리 시장이 넓어도 고객은 언제든지 바람처럼 사라질 수 있는 사람들이다. 레옹의 회사에서 만든 포크와 나이프를 사야 할 의무를 지닌 사람은 아무도 없지 않은가. 이쯤에서 레옹은 머리가 심하게 아파진다. 휴, 그런 고민은 사장이나 하라지, 원래 그런 고민을 하라고 사장이 있는 거잖아!

 성공을 위해 삶의 질까지 희생해야 할까?

인간은 누구나 성공과 성취 그리고 변화에 대한 욕구를 지니고 있다. 안정과 안전에 대한 욕구도 인간의 기본욕구에 속한다. 즉, 소속감과 편안함을 느낄 수 있는 장소가 필요한 것이다. 그 장소를 고향이라 부르기도 하는데, 고향은 정체성을 부여하는 개념이기도 하다.

그러나 세계화와 이로 인해 거세진 경쟁구도는 이러한 인간의 기본욕구들을 배려하지 않는다. 더 높은 실적과 보다 많은 유연성만 강조하다 보니 나머지 욕구들은 뒷전으로 밀려나는 것이다. 자유경쟁 체제 하에서는 미래를 좀처럼 예측할 수 없고, 그렇기 때문에 지금 직장에 다니고 있다 하더라도 언제 다른 곳으로 일자리를 옮겨야 할지 알 수 없다. 안정적 관계나

화목한 가정, 한 자리에 정착하고 싶은 마음, 여가시간을 더 많이 갖고 싶은 마음 등은 직장생활과 사회적 성공의 그늘에 가려지기 일쑤이다.

인간이 심리적, 물리적 부담을 전혀 느끼지 않고 변화에 적응하고 성공을 거두기는 어렵다. 그러나 경제계의 생각은 이와는 조금 다르다. 경제는 돈과 경제적 안정만 주어진다면 모두들 기꺼이, 언제든지, 무엇이든 다 희생할 것이라 믿는다. 그에 대한 반동으로 경제를 비판적 시각으로 바라보고 성공에 대한 부담이 없는 삶을 동경하는 이들은 점점 더 늘어만 가고 있다.

모두에게 득이 되는 일

환경보호는 레옹의 회사 내에서 끊임없이 제기되는 테마이다. 하지만 국가가 제시하는 환경보호기준을 한치도 어긋나지 않게 준수하며 양식기를 생산하자면 그만큼 많은 시간과 경비가 소요된다. 환경기준에 따르느라 추가되는 업무의 양을 생각하면 레옹은 입이 딱 벌어질 뿐이다. 모두가 환경기준을 엄격히 준수해야 하고, 때로 환경기준이 개정되면 거기에 적응해야 하며, 환경보호를 위해 실시한 제반 조치에 관한 문건도 작성해야 한다. 그 모든 일이 본래의 업무, 즉 최고 품질의 포크와 나이프를 저렴한 가격에 고객들에게 제공하는 일에 추가로 더해지는 것이다. 이쯤에서 레옹은 생각한다. 환경기준이 없었다면 아마 생산비가 줄어들겠지? 그리고 똑같은 품질의 제품을 더 값싸게 팔면 고객도 더 늘어나겠지? 그렇게 되면 매출은 늘어나고, 그에 따라 직원들 월급도 인상되지 않을까? 돈이 많아서 나쁠 건 없는데 말씀이야……

문제는 레옹도 깨끗한 환경을 원한다는 것이다. 레옹도

공기가 오염되거나 숲이 파괴되고 토양이 오염되기를 바라지는 않는다. 깨끗한 자연환경은 더 나은 삶의 질을 의미하고 나아가 경제 제1원리에서 말하는 자원에 속하기도 한다. 다시 한 번 깊이 생각해 본 결과, 레옹은 결국 경제발전과 현대적 생활양식이 가뜩이나 부족한 자원을 점점 더 고갈시키고 있다는 결론에 다다른다.

레옹은 경제 제3원리인 경쟁의 원리가 가격의 원리와 더불어 경제활동 전반을 조정하기는 하지만 환경보호에 있어서 만큼은 제 역할을 수행하지 못하고 있다는 생각이 든다. 국가와 대중의 압력이 없다면 그 어떤 기업도 자발적으로 환경보호에 앞장서지 않을 것이다. 기업 활동이 원래 지평이 좁고 단기적이라는 특징을 지니기 때문에 기업들은 자사의 활동이 환경과 사회에 미칠 영향에 대해 그다지 큰 관심을 갖지 않는다.

그렇기 때문에 경제 제8원리가 필요한 것이다. 다시 말해 국가가 개입하는 것이다. 국가는 한손에는 당근을, 다른 손에는 채찍을 들고 기업들이 환경친화적 방식으로 생산 활동을 진행하도록 자극한다.

예컨대 국가가 자동차 배기가스 정화용 촉매 등 환경친화적 장치의 도입을 재정적으로 지원하는 것은 당근에 해당된다. 그런가 하면 화력발전소의 유해가스 배출량을 엄격히 제한하거나 휘발유에 부과되는 세금을 인상하는 것 등은 채찍에 해당된다.

한편 환경오염과의 전쟁에 있어 공공토론도 중요한 역할을 수행한다. 정치가, 경제인 그리고 소비자들은 공공토론을 통해 올바른 환경의식의 의미를 깨닫는다. 그런 가운데 구매결정권을 지닌 고객들은 기업에 특별한 압력을 행사할 수 있다. 이를테면 레옹도 자동차를 살 때 연비를 고려한다. 값이 조금 비싸더라도 연비가 높은 자동차를 생산해야 레옹과 같은 고객들의 마음을 사로잡을 수 있는 것이다. 그런 경제적 이유가 아니라 하더라도 환경보호는 우리 모두에게 득이 되는 일이다.

 **환경보호는 선진국만의 일일까?**

지구인에게 주어진 행성은 단 하나밖에 없다. 지구환경이 심각하게 파괴되어 더 이상 살 수 없는 지경에 이른다 할지라도

아직까지는 우주선을 타고 은하계 미지의 행성으로 단체이민을 떠날 수 없는 실정이다. 그런데 환경의식은 후진국보다는 선진국에서 훨씬 더 발달되어 있는 듯하다. 아프리카, 아시아, 라틴아메리카에서는 지금도 무분별한 난개발과 자연환경훼손이 스스럼없이 이뤄지고 있다. 먹고살 걱정이 너무 크다 보니 자연보호에까지 신경을 쓸 여유가 없는 것이다.

한편 지구상의 에너지와 천연자원 등 각종 자원의 대부분을 소비하는 주체도 선진국이다. 그에 대한 보상으로 선진국들은 후진국이나 개도국의 환경보호를 장려하고 지원한다. 그러나 정작 당사자들은 환경분담금 때문에 생산비가 상승하고 선진국들의 쓸데없는 참견 때문에 자신들이 국제경쟁에서 밀린다고 생각한다.

지금 지구는 어느 나라 할 것 없이 이산화탄소 배출로 인한 온실가스와 그로 인한 온난화 문제로 고통받고 있다. 그 때문에 국제사회는 입을 모아 국제간 합의와 조치의 필요성을 강조한다. 그러나 환경보호에 대한 선진국과 개발도상국, 혹은 후진국 간의 의견차이로 환경보호는 여전히 꿈으로 머무르고 있고, 이는 결국 우리 모두에게 피해가 되어 돌아올 것이다.

우리의 당연한 권리

레옹은 자신이 지금까지 열심히 일해 온 만큼 이제 회사가 임금인상으로 화답해야 한다고 생각한다. 자기와 비슷한 일을 하는 다른 회사 직원들의 연봉이 자기보다 더 센 것은 분명 뭔가 잘못된 일이다. 그 문제를 빼고 봐도 그래, 원래 시간이 지나면 자연히 임금이 오르게 되어 있는 거 아니었어? 이래저래 임금인상은 자신의 당연한 권리요 회사의 의무라는 생각이 든다.

경제 제1원리에 비춰볼 때 레옹을 비롯한 그 회사의 직원들은 양식기 생산을 위해 기업이 활용하는 자원이라 할 수 있다. 실제로 직원들에게 월급을 주는 것은 사장이지만, 사실 사장은 고객들이 지불한 물건 값을 직원들에게 전달하는 것뿐이다. 그런데 가만히 생각해 보니 경제 제9의 원리에서도 확인했듯 결국 모든 것을 결정하는 것은 고객들의 만족 여부이다. 다시 말해 레옹이 열심히 일한다고 해서 반드시 임금인상으로 이어지지는 않는다는 뜻이다. 예를 들어 어느 목수가 옷장을 만들었더니 날개 돋친 듯 팔렸다고 치자. 하지만 다른 목수가 짠 옷장은 디자인 때문인지 무슨 이유 때문인지 좀체 고객들의 눈길을 사로잡지 못할 수 있다. 분명 두 사람 다 열심히 일을 했지만 두 사람의 수입이 동일한 것은 아니다.

포크와 나이프의 판매대금이 흘러들어오지 않으면 직원들에게 지급할 돈도 없고 사장에게 돌아가는 이윤도 없다. 수입이 지출보다 많아야 사장은 경제 제10원리에서 말하는 이윤을 창출할 수 있는 것이다.

이윤 중 얼마를 사장이 차지하고 얼마를 직원들에게 지급하느냐 하는 문제는 영원한 숙제인 듯하다. 임금인상을 둘러싼 그러한 줄다리기에 있어 노조는 직원들의 든든한 벽이 되어준다.

업무능력이 뛰어난 직원과 그렇지 못한 직원한테 똑같은 임금을 지불하는 것도 부당하다. 그렇게 된다면 레옹과 같이 능력이 탁월한 직원들이 남보다 더 열심히 일하고 더 뛰어난 실적을 거두려는 의욕을 발휘할 이유가 사라지고 만다. 성과급이 적용되어 뛰어난 실적을 올린 직원에게는 더 많은 보수를 지급하는 것이 마땅하다. 그리고 뛰어난 실적 달성을 가능하게 하는 것은 경제 제1, 제5, 제6원리, 다시 말해 자원과 동기 그리고 능력이다. 모든 기업이 직원들 모두에게 동일하게 최신 기계와 컴퓨터를 제공하는 것은 아니다. 또 직원들 모두가 똑같은 동기를 지닌 것도, 똑같은 능력을 지닌 것도 아니라는 것을 레옹은 누구보다 잘 알고 있다.

임금수준을 심사하는 3대 재판관은 사장과 고객 그리고 성과급 원칙이다. 비록 레옹이 열심히 일하기는 했지만 그것이 반드시 임금인상으로 이어지지는 않는 것도 바로 이 때문이다. 물론 임금협상 시 노조가 든든한 뒷받침이 되어준다면 이야기가 조금은 달라지겠지만, 기본적으로 임금 재판관들이 기분에 따라 임금을 때로는 올려주겠다고 하고 어떨 때는 절대로 그럴 수 없다며 완강하게 고개를 젓기 때문에 레옹의 월급이 갑자기 뛸 가능성은 아무래도 희박해 보인다. 그런 생각을 하고 있자니 화가 치밀어 오른 레옹은 분노를 삭이기 위해 자신이 늘 갖고 싶어 하던 꿈의 자동차를 머릿속에 그려본다. 늘 그렇지만 꿈의 자동차를 떠올리니 기분이 한결 나아진다.

사례 5: 부와 가난

그 영원한 다툼

레옹의 사장은 그 어떤 사원들보다 비싼 차를 몰고 다닌다. 주차를 할 때에도 최고 좋은 자리는 늘 사장 차지이다. 퇴근 후 집으로 돌아오면 레옹은 버릇처럼 TV를 켜는데, 돈 많은 사람들이 파티를 즐기는 모습이나 요트를 타고 카리브해를 가르는 모습들을 보다가 결국은 신세한탄에 빠지고 만다. 사실 레옹은 단 한 번도 요트를 갖고 싶다는 마음을 품은 적이 없다. 하지만 TV에 나오는 부자들처럼 자기도 많은 돈을 갖고 싶다는

소망은 간절하다. 그런데 어쩌다가 부자와 가난한 사람 간의 격차가 이다지도 심해진 것일까?

빈부격차는 경제의 현대화가 몰고 온 신종 폐단이 아니다. 그 이전에도 늘 있어왔다. 예전에는 가문이나 유산이 부자와 가난한 자를 결정짓는 관건이었다. 귀족은 늘 농민보다 부유한 삶을 누렸다. 하지만 지금은 평범한 회사원도 열심히 노력하고 운까지 따라주면 부자의 대열에 합류할 수 있는 시대이다. 또 아무리 돈이 많다 할지라도 지나친 낭비나 기업의 도산, 혹은 주가의 급락 등으로 하루아침에 알거지가 될 수도 있다.

상류층에 합류하기 위한 열쇠, 혹은 기득권을 유지하기 위한 열쇠는 풍부한 자금력과 성공에 대한 집념 그리고 전문적인 능력이다. 경제 제1, 제5, 제6원리가 여기에서도 중요한 역할을 담당하는 것이다. 이쯤에서 레옹은 생각한다. 그래, 맞아. 그런 바탕이 있어야 부를 누릴 수 있지, 달리 무슨 길이 있겠어!

자본 없이 노력과 행운만으로 부를 창출하는 사람이 아예 없지는 않다. 그러나 그렇게 되기까지 남들보다 몇 곱절은 더 열심히 일해야 한다. 레옹은 그것도 일종의 불평등이라 생각한다. 부자들의 재산을 싹 몰수해서 모든 국민들에게 공평하게 나눠주면 안 될까? 그렇게만 된다면 가난한 사람들의 형편이 훨씬 더 나아질 텐데 말이지……. 잠깐, 그렇게 되면 경제 제7원리에서 말하는 투자자들이 없어지잖아? 충분한 자금력을 지닌 이들이 투자를 해야 일자리가 창출되는 법인데 그 문제는 어떻게 해결하지?

기업을 설립하고 경영하는 데는 많은 돈이 든다. 그러한 거금은 아무래도 자금력이 풍부한 사람의 주머니에서 나오기 마련이다. 돈이 많으면 은행으로부터 투자자금도 쉽게 대출받을 수 있다. 물론 아무리 돈이 많아도 직원들의 도움 없이 기업가 혼자서 할 수 있는 일이 그다지 많지는 않다. 하지만 어쨌든 부자가 가난한 사람을 필요로 하는 것보다는 가난한 사람이 부자를 훨씬 더 절박하게 필요로 한다. 그런 생각을 하고 있자니 레옹은 전신이 부르르 떨리고 온몸에 소름이 쫙 끼친다.

때마침 식사를 하라는 아내 소피의 목소리가 들려온다. 아내는 레옹네 회사에서 만든 신제품에 열광하고 있다. 그 모습을 보니 괜히 어깨가 으쓱해지고 회사에 대한 자부심이 싹튼다. 레옹의 얼굴에 엷은 미소가 번진다.

 **복지국가에 있어 세계화는 위협원리일까?**

오늘날 복지국가들은 수입이 아예 없거나 매우 적은 사람들이 사회에서 소외되는 것을 막기 위해 소득재분배 정책을 실시하고 있다. 이로써 보다 큰 사회정의를 실현하려는 것이다. 대다수 독일 국민들은 요람에서부터 무덤까지 발생할 수 있는 모든 위험을 국가가 방지해 주기 바란다. 그러나 복지국가를 유지하는 데는 커다란 비용이 든다. 지금도 기업과 개인에게 부과되는 각종 세금과 공과금은 점점 인상되고 있고 국가는 이로써 국고를 충당한다. 국가는 세금으로 조성된 자금을 특별한 제약 없이 국가가 주관하는 대부분의 사업에 지출할 수 있다. 반면 특정 납부금은 의료보험, 수발보험, 실업보험, 연금보험에만 지출할 수 있도록 정해져 있다. 뿐만 아니라 국가는 복지예산을 충당하기 위해 거액의 빚을 지기도 한다. 그런 가운데 수십 년째 실업률마저 높아져 복지사업에 소요되는 경비는 점점 더 늘어만 가고 있는 실정이다.

세계화로 인해 이제 기업은 세금이나 부대비용이 싼 곳으로 진출할 수 있게 되었다. 굳이 독일에 남아 있을 필요가 없어진 것이다. 개인의 해외 취업도 예전보다 훨씬 수월해졌다. 높은 세금과 공과금으로 인한 부담을 피하기 위해 불법으로 일하는 사람도 적지 않다.

세계화의 물결은 실업퇴치도 어렵게 만들었다. 실업자들 중 유연성이 부족하고 전문적인 교육을 받지 못한 이들은 서비스 산업과 전문성이 요구되는 새로운 일자리에 쉽게 적응하지 못하는데, 농업, 건축업, 공업 등에서 해체된 일자리가 바로 그런 분야에서 창출된다는 것이 대량실업 문제의 씨앗이다. 대량실업과 늘어난 연금지출, 노령화에 따른 수발대책 등으로 인해 복지국가가 떠맡아야 하는 부담은 좀체 줄어들 기미를 보이지 않지만 복지기금을 기꺼이 납부하려는 사람은 점점 줄어들고 있다.

복지국가가 봉착한 이러한 위기에서 벗어나는 한 가지 방법은 국민들에게 닥칠 수 있는 모든 위험에 대한 안전장치를 국가가 마련한다는 기존의 방식을 재고하는 것이다. 모든 이에게 퍼주기 식으로 똑같은 혜택을 주는 대신 꼭 필요한 사람에게 부족한 자금을 유용하게 쓰는 방식을 강구해야 한다. 오늘날 어떤 복지국가도 세계화의 거센 물살을 헤치고 국민 모두에게 공평한 복지혜택을 제공하기는 어렵기 때문이다.

사례 6: 연금

헛된 공약

지금 레옹은 나중에 받게 될 연금에 대해 걱정하고 있다. 그간 연금이 확실히 지급되리라는 점에 대해 추호의 의심도 없었건만 요즘 들어 수많은 전문가와 정치가들이 그 믿음을 산산조각 내는 말들만 하고 있다. 직장 일만 하더라도 스트레스 덩어리인데 이제 연금에 대한 스트레스까지 더해지게 생긴 것이다. 레옹은 과연 연금만으로 노후에도 지금까지와 비슷한 생활을 해나갈 수 있을까?

레옹이 퇴직하고 나면 레옹이 다닌 회사, 나아가 다른 회사에 다니는 후배들이 납부금을 내고 그 돈이 연금이 되어 레옹에게 돌아온다. 그러나 지금도 이미 직장인들의 납입액만으로는 퇴직자들에게 지급할 연금이 부족한 실정이다. 국가가 세금 수입으로 쌓인 국고 중 일부를 뚝 떼어 연금지급을 지원해야 하는 실정이다.

퇴직자 수는 늘고 직장인은 줄어들고 있기 때문에 연금보험제도가 언제 와르르 무너질지 알 수 없는 노릇이다. 앞으로 노년층은 점점 늘어나고 청년층은 줄어들 것이기 때문에 경제활동인구도 줄어들 수밖에 없다. 이 문제를 해결할 간단한 돌파구는 아무리 생각해 봐도 떠오르지 않는다.

이 시점에서 레옹은 다시금 경제 제1원리를 떠올린다. 거기에서 말하는 자원은 한 번밖에 사용할 수 없는 것들이다. 포크와 나이프를 생산하는 자원, 즉 기계를 햇빛을 차단하는 양산 생산에도 활용할 수는 없다. 돈이라는 자원도 별반 다르지 않다. 오늘이 되든 내일이 되든 언젠가 한 번 쓰면 사라진다. 수중에 있는 돈을 지금 뭔가를 사는 데 쓰거나 어딘가에 투자를 할 수도 있고, 아니면 앞날을 위해 저축을 할 수도 있다. 하지만 그 모든 것을 동시에 할 수는 없다.

노후에 높은 연금을 수령하고 싶다면 지금 시작해야 한다. 지금보다 더 열심히 일하고 저축액을 늘려야 한다. 다음 세대가 지급할 연금만 믿고 느긋이 기다리는 것은 지나치게 안일한 태도이다. 레옹도 보수가 더 좋은 직장으로 이직을 하거나 지금 다니는 직장에서 더 열심히 일해 더 높은 연봉을 받아내야 한다. 나아가 여름휴가도 포기하고 차를 바꾸려던 계획도 접어야 한다. 그래야 노후에 경제적으로 조금 더 안정된

생활을 할 수 있기 때문이다. 참, 자식을 몇 명 더 낳는 것은 어떨까? 그 아이들이 자라서 열심히 일하면 내 연금도 보장되지 않을까…….

그런 생각을 하며 레옹은 머리를 쥐어뜯는다. '잠들기 전 연금 생각을 하면 잠이 싹 달아나버린다' 는 말이 괜히 나온 것이 아닌 듯하다.

 ## 재테크는 스트레스에 지나지 않을까?

돈은 중요하다. 하지만 그 돈을 올바로 투자하는 방법에 대해 설명할라치면 다들 고개를 가로젓는다. 사실 수중에 있는 재산을 더 큰 재산으로 불리는 데 특별한 기술이 필요한 것은 아니다. 반드시 올바른 판단을 내리고 말겠다는 강한 의욕, 한 번 내린 결정을 계속 밀어붙이는 추진력 그리고 이성적으로 셈할 수 있는 능력만 있으면 된다. 돈 벌기를 싫어하는 사람은 없다. 언제 닥칠지 모르는 비상사태를 대비해서든 노년을 대비해서든 돈은 반드시 필요하다.

하지만 많은 이들은 재테크라는 말을 들으면 스트레스부터 떠올린다. 그러나 적어도 연금 문제에 있어서만큼은 지금 당장 대비책을 세워놓는 것이 좋다. 장차 국가에서 지급하는 연금만으로 기존의 생활수준을 절대 유지할 수 없는 날이 도래할 것이다.

얼마만큼의 돈을 노후연금에 투자할지를 결정할 때 잣대가 되는 것은 연금개시 시기, 수령받고자 하는 연금의 액수, 연금에 매겨지는 세금의 규모, 인플레이션, 자본투자로 인해 발생하는 이윤 등이다. 거기에 합리적인 계산능력이 더해져야 하고 나아가 주식, 채권, 부동산, 기타 금융상품 중 가장 수익성이 높은 투자대상을 세심하게 선정하는 주의도 기울여야 한다.

그런 과정을 다 거쳐서 투자대상을 결정하고 나면 자신의 선택을 끝까지 고수하는 추진력이 필요하다. 연금이 개시되기까지 수십 년이 남은 상태라면 의지가 무너지기 쉽고, 그렇게 되면 모든 계획이 물거품이 되고 만다. 안타깝게도 재테크 문제에 있어서는 많은 이들이 머리보다는 가슴으로 결정을 내리고 재테크로 인한 스트레스는 무조건 피하고 보자는 식의 태도를 보이곤 한다.

일하지 않고 부자 되기

수중에 있는 돈을 아무리 잘 굴려봤자 레옹이 하루아침에 부자가 되지는 않는다. 사장과 같은 뱀파이어가 되기를 자청한다면 또 모를 일이지만 레옹은 그렇게까지 하고 싶은 생각은 없다. 돈 버는 방도를 터득하기는 어렵고 두둑한 유산을 물려줄 친척도 없다. 로또 당첨 따위는 애당초 바라지도 않는다. 이제 어떡하지, 도둑질이라도 해야 하나? 그럴 순 없다, 양심이 허락하지 않는다. 그렇다면 나도 투기를 해야 할까? 그래, 거기에서 오는 스트레스라면 기꺼이 받아들이겠어! 난 20년 후가 아니라 지금 당장 큰돈을 벌고 싶거든!

우리는 장차 큰돈을 벌 수 있으리라는 기대감 때문에 금융시장에 자본을 투자한다. 증권시장에서 주식이나 채권을 사들이는 것이다. 주식을 매입한 사람은 해당 회사의 공동 소유주가 된다. 기업의 영업실적이 좋아 이윤을 많이 낳으면 배당금이라는 보너스도 주어진다. 한편 채권은 기업 또는 국가에 일시적으로 자금을 대출해 주는 것이다. 그 대가로 채권 매입자는 정기적으로 이자를 지급받는다. 주식과 채권은 증권시장에서 거래되고 그 가격, 다시 말해 시세는 수요와 공급의 원리에 따라 결정된다.

경제 제7원리에서 말하는 투자와 마찬가지로 투기 역시 불확실한 미래에 내기를 거는 행위이다. 내일이 되면 투자한 자본이 황금알을 낳을 것인지 어떨지 오늘은 알 수 없다. 하지만 리스크가 클수록 대개 이윤도 커진다. 그러나 커다란 이윤을 낳을 것이 확실시되는 투기는 없다.

투기와 투자는 서로 다른 개념이다. 투기를 할 경우에는 돈이 우리를 대신해 열심히 뛰어다닌다. 우리는 다리를 쭉 뻗고 쉬면 된다. 반면 투자를 할 경우에는 해산물 레스토랑에 투자한 발레리의 경우에서 확인했듯이 거의 매일 앞치마를 두르고 직접 불 앞에 서야 한다.

금융시장에서 주식이나 채권의 시세가 상승하거나 하락하는 이유를 알아내기란 쉽지 않다. 어쩌면 앞으로 10년 뒤에 1등에 당첨될 로또 숫자를 예견하는 것만큼이나 어려운 일일지도 모른다. 하지만 적어도 금융시장에서도 경제의 제3원리, 즉 공정한 자유경쟁이 보장되고 이에 따라 시세가 형성되어야 한다. 그러기 위해서는 경제 제8원리가 적용되어야 한다. 즉 국가가 개입해 공정거래를 감독해야 하는 것이다. 교묘한 수법으로 사기를 치고 싶은 유혹이 너무 크기 때문에 국가의 감독은 필수적이다.

레옹은 모든 투기에는 위험이 뒤따른다는 것을 깨달았다. 피 같은 돈이 달려 있는 문제이기 때문에 스트레스도 클 수밖에 없겠지만 그럼에도 불구하고 레옹은 기꺼이 그 위험을 감수하고자 한다. 대신 레옹은 한 종목의 주식에 모든 것을 거는 대신 다양한 종목의 주식과 채권에 자금을 분산하여 투자한다. 레옹은 이 결정이 열매를 맺어 얼른 큰돈을 쥐게 되기를 간절히 바랄 뿐이다.

주식과 채권에 투자하는 데는 비록 큰 위험이 수반되지만 레옹은 천성이 낙천적인지라 그럼에도 불구하고 곤히 잠들 수 있다. 적어도 그런 부분에 있어서만큼은 낙관론자가 비관론자보다 유리한 듯하다.

 **헤지펀드와 사모펀드는 신종 '메뚜기 떼'일까?**

헤지펀드와 사모펀드(private equity fund)를 경제계의 신종 '메뚜기 떼'라 비난하는 사람이 많다. 기업을 인수해서 여러 개로 쪼개고 직원들을 해고한 후 자신들은 두둑한 이득만 챙긴 뒤 발을 빼버리기 때문이다.

헤지펀드는 상승 또는 하락하는 기업의 주식이나 채권, 국가가 발행하는 채권, 유로나 미국 달러화 등의 화폐를 노린다. 반면 사모펀드는 특정 주식을 매입하는데, 그 목적은 시세가 상승곡선을 그릴 때를 노려 이익을 남기고 매도하는 것이다. 사모펀드가 칼자루를 쥐고 기업을 조정하며 단독으로 시세를 조종하는 일도 적지 않다.

모든 것이 제대로 돌아갈 경우 원칙적으로 사모펀드는 기업을 발전시킨다. 자본과 전문지식을 투자해 모두에게 이익을 베푸는 것이다. 하지만 사모펀드가 기업을 완전히 해체하기만 한다면 그 사모펀드는 사실상 메뚜기 떼와 다를 바가 없다.

헤지펀드도 사모펀드처럼 움직이며 기업에 직접적 영향을 미칠 때가 많다. 헤지펀드와 사모펀드는 해당 기업에 막강한 압력을 행사하고 기업이 더 나은 실적을 올리도록 강요한다. 상황이 이러고 보니 사람들의 미움을 사지 않는 것이 오히려 이상하다는 생각까지 들 정도이다.

사례 8: 물가인상

짜증의 근원

뭔가를 살 때면 레옹이 으레 내뱉는 말이 두 가지 있다. 하나는 "그새 가격이 또 올랐네"라는 말이고 다른 하나는 "이건 진짜 잘 건진 것 같아"라는 말이다. 최고의 물건을 최저의 가격에 구입하기 위해 레옹은 수많은 시간과 에너지를 투자한다. 하지만 발품을 팔아봤자 어딜 가나 물가가 뛰었다는 사실을 확인해야 할 때가 대부분이다. 그런데 내 월급은 왜 여기에 발맞춰 뛰어주지 않는 거지? 안 되겠다, 내 형편에 어디 누구한테 적선할 일 있어? 최대한 좋은 물건을 최대한 싼 가격에 구입하는 수밖에……. 그런데 경쟁이 치열하면 가격이 떨어져야 정상인데 왜 물건 값이 계속 뛰는 걸까?

경제 제3원리에서는 분명 경쟁이 가격인상을 막는 수단이라고 했잖아? 내가 무언가를 간과한 것일까? 시장에 출시된 상품이나 서비스의 가격은 경쟁을 통해 변동한다고 했다. 수요가 공급보다 클 경우에는 가격이 인상되고 수요가 줄어들거나 공급이 수요보다 늘어나야 가격이 떨어진다.

경쟁상대가 없기 때문에 가격이 뛰는 경우도 허다하다. 몇몇 특정 기업이 시장을 분할지배하며 가격과 거래량 그리고 제품의 품질까지 자기들 멋대로 조종하는 것이다. 그런 기업들은 더 큰 이윤을 남기기 위해, 혹은 세금인상 등 때문에 늘어난 경비를 고객의 부담으로 돌리기 위해 서슴지 않고 물건 값을 올린다. 그런가 하면 자기들 마음에 들지 않는 기업은 아예 시장에 발을 못 붙이게 만들어 경쟁자를 축출하기도 한다.

이럴 때에는 경제 제8원리가 적용되어야 한다. 국가가 나서서 공정경쟁을 보장해야 하는 것이다. 문제는 영향력 있는 거대 기업이 정치계에까지 로비를 하며 경쟁에서 유리한 위치를 차지한다는 것이다. 그러한 사실은 우리 주변에서도 확인할 수 있다. 전기세가 자꾸 오르는 것도 전기를 공급하는 업체가 몇 안 되기 때문 아니겠는가.

공정한 경쟁이 이뤄지기만 한다면 소비자인 레옹은 다양한 제품들 사이에서 선택의 기회를 누리고, 보다 저렴한 가격에 더 나은 품질의 물건을 살 수 있다. 그러나 회사에 얽매인 입장에서 보자면 그러한 경쟁이 채찍처럼 느껴질 때도 있다. 경제 제9원리는 고객을 만족시켜야 한다고 가르치고 있다. 자사의 제품에 만족하지 않는 고객은 다른 회사의 제품으로 눈길과 발길을 돌리게 마련이다. 하지만 공정경쟁이 보장된다면 한번 돌아선 고객의 마음을 되돌릴 수 있는 기회도 주어진다.

흠, 다시 한 번 정리해 볼까? 가격, 경쟁, 수요, 공급, 고객, 기업, 직원. 이 모두는 결국 서로 얽혀 있다. 경쟁에서 비롯된 이익이 어떨 때에는 고객에게 돌아가고 때로는 기업이나 직원들에게 돌아간다……. 어휴, 뭐가 이렇게 복잡해? 레옹은 오늘도 머리를 감싸 쥔다.

 ## 에너지 비용은 앞으로도 계속 높은 수준을 유지할까?

주유소에 갈 때마다, 전기세나 난방유 값, 가스요금을 낼 때마다 짜증 섞인 한숨이 나온다. 휘발유 값과 전기세, 난방유 값, 가스비가 이렇게 계속 오르기만 하는 건 분명 경쟁체제에 문제가 있거나 원유와 석탄, 천연가스 매장량이 줄어들고 있다는 이야기다.

실제로 휘발유나 난방유, 전기, 가스 등의 분야에 있어 경쟁이 제대로 이루어지지 않고 있고 이러한 사실은 고객에게는 불리하게, 기업에게는 유리하게 작용한다. 독일 내 전기와 가스를 공급하는 업체는 그리 많지 않다. 몇 안 되는 그 기업들이 마음만 먹으면 경쟁시스템을 마비시킬 수도 있을 것이다. 이에 따라 고객들은 더 나은 공급업체를 선택할 여지가 없는 형편이다.

지금까지 에너지 공급업체들은 국가가 경쟁을 활성화하기 위해 내놓은 대책들을 거의 매번 백지화시켜 왔다. 테러공격 등으로 야기될 에너지 대란에 대한 심리적 불안감은 에너지 사용료를 한층 더 인상시키는 요인으로 작용하고 있다. 그렇다고 유전이나 천연가스 매장지를 개발하자니 비용도 엄청나고 시간도 오래 걸린다.

따라서 앞으로도 휘발유 값과 전기세, 난방유 값과 가스요금은 계속해서 오를 전망이다. 그렇기 때문에 태양열에너지나 풍력에너지 등 재생에너지 개발이 시급하다. 나아가 특히 미국, 유럽, 일본, 중국 등이 에너지 절약에 앞장서지 않으면 안 된다.

사례 9: 세계화

모두가 고객인 시대

레옹의 회사에서 생산된 양식기들은 독일뿐 아니라 전 세계로 팔려나간다. 전 세계를 무대로 판매하며 이윤이 늘어나고 회사가 성장하는 것이다. 내수시장만으로는 수요가 충분하지 않기에 회사는 해외 시장을 개척했다. 이제 레옹은 세계화가 자신의 일자리에 어떤 영향을 미칠지에 대해 고민해 본다.

세계화로 인해 이제 곧 누구나 전 세계 각 나라 국민을 대상으로 물건을 팔 수 있게 된다면 고객을 유치하기 위한 경쟁은 더더욱 거세질 것이 틀림없다. 고객의 입장에서 생각하면 저렴한 가격에 고품질의 다양한 물건을 접할 수 있으니 기뻐해야 마땅하다. 하지만 밖에서는 고객이지만 일을 할 때는 회사에 소속된 직원인 레옹으로서는 세계화가 양날의 검처럼 느껴진다. 한편으로는 세계화 덕분에 일자리를 유지할 수 있지만 다른 한편으로는 세계적인 경쟁으로 인해 고객이 언제든지 다른 기업의 제품에 유혹당할 수 있다는 문제가 발생하기 때문이다. 즉, 레옹의 일자리는 안정과는 거리가 멀다고 볼 수 있다. 더욱이 앞으로도 일자리를 둘러싼 불안감은 점점 더 커질 수밖에 없으니 당사자인 레옹으로서는 심각한 문제가 아닐 수 없다.

사실 세계화는 유구한 역사를 자랑한다. 고대 로마인들이 이미 전 세계를 무대로 물건을 사들이고 내다팔았으니 세계화의 역사는 2천 년도 더 되었다고 할 수 있다. 로마인들은 지중해를 거점으로 동방 세계와 교역했다. 그러나 국제무역이 본격적으로 활발해진 것은 제2차 세계대전 이후부터이다. 당시 많은 나라들이 문호를 개방하고 해외로부터 유입되는 일꾼과 상품 그리고 서비스를 받아들이기 시작했다. 그 국가들은 모두 국제무역을 통한 국내 경제의 안정을 꾀했다.

많은 선진국들 그리고 몇몇 개도국이 세계화의 기회를 성공적으로 활용했다. 그들은 국내의 상품과 서비스를 전 세계에 내다팔아 경제적 안정을 이룩했다. 그들은 자신의 능력을 올바르게 파악하고 경제 제2원리에 따라 특성화의 길을 모색했는데, 이는 매우 현명한 처사였다.

경제 제3원리, 다시 말해 공정한 경쟁의 원리가 올바르게 적용되기만 한다면 세계화는 우리 모두에게 더 나은 삶의 질을 약속해 준다. 그러나 레옹의 귀에는 왠지 세계화가 전 세계를 거대한 백화점으로 만드는 과정쯤으로 들린다. 다들 뭔가를 사거나 팔려고 하기 때문인데, 레옹은 이때 관건이 되는 것이 바로 경제 제9원리, 즉 고객의 마음을 사로잡아야 한다라고 생각한다. 고객의 주머니에 든 돈이 내게로 건너오는 것은 곧 삶을 의미하는 것이요, 만약 그 돈이 고객의 주머니 밖으로 나오지 않거나 다른 사람의 수중에 들어간다면 이는 곧 죽음을 의미한다.

세계화는 우리 모두에게 실적과 성과에 대한 부담을 안겨준다. 뭐가 뭔지 잘 모르는 레옹이 보기에도 그것만큼은 확실하다. 그런 가운데 기업과 개인이 세계적 경쟁 속에서 살아남으려면 보다 유연하고 창의적인 자세로 고객들에게 제공할 상품을 개발해야 한다. 세계화는 우리에게 경제적 안정을 구축할 기회를 과거 그 어느 때보다 더 많이 주고 있기도 하지만 이와 더불어 우리를 경제적 위험에도 노출시키고 있다.

이런 생각을 하고 있자니 골치가 아프다. 휴, 지하실로 내려가 취미생활에 몰두해야겠군. 적어도 그곳에서는 내가 주인이고 세계화 따위를 걱정할 필요가 없으니 말이야!

# 세계화 속에서도 완전고용이 가능할까?

세계화가 진행되고 있는 지금 완전고용의 의미는 예전과 달라졌다. 직업교육을 받았든 그렇지 않았든 간에 누구나 원하기만 하면 해고될 염려 없이 평생 한 직장에서 안정되게 일할 수 있는 시대는 지나갔다. 앞으로는 자신이 기대한 것보다 임금이 낮고 복리후생제도가 마음에 들지 않다 하더라도 그때그때 닥치는 대로 취직을 해야 완전고용이 실현될 수 있다.

세계화는 거세진 경쟁과 고용불안정, 성과에 대한 부담 등을 동반한다. 근무지에 대해서도 유연한 태도를 지녀야 한다. 뿐만 아니라 끊임없는 자기계발도 필요하다. 필요하다면 5년에 한 번씩 직장을 바꿔가며 새로운 환경, 새로운 업무에 적응하는 과정도 겪어야 할 것이다.

세계화 시대인 오늘날 다시금 완전고용이 실행되려면 개개인이 이런 요건들을 모두 충족시키고 거기에 새로운 아이디어와 낙천적 시각으로 새로운 일자리를 창출하겠다는 기업의 적극성이 맞물려야 한다. 문제는 달라진 미래에 적응하고자 하는 사람들의 의지가 얼마나 강한가 하는 것이다.

이상주의에 불과한 것

세계화에 대해 고민을 하면 할수록 레옹의 불안감은 커져만 간다. 세계화가 자기를 언제든지 실직으로 내몰 수 있다는 생각이 자꾸만 드는 것이다. 레옹이 세계화의 위험으로부터 자신을 지킬 수 있는 방법은 없을까?

세계시장에서 레옹네 회사의 경쟁 상대가 줄어들면 회사로서도 득이 될 것이고 레옹의 일자리도 비교적 안정될 듯하다. 하지만 과연 어떤 나라가 레옹의 회사에 이익을 주자고 국내 기업의 활동을 제한하겠는가. 혹 경쟁을 제한한다 하더라도 그것은 어디까지나 국내 기업을 보호하기 위한 조치에 지나지 않을 것이다.

경쟁을 물리적으로 제한할 수 있는 기구는 정부, 즉 국가밖에 없다. 예컨대 국가는 국내 시장 보호를 위해 외국 기업의 국내 시장 진출을 불가능하게 하거나 최대한 어렵게 만드는 정책을 활용할 것이다. 하지만 만약 모든 나라가 그런 식으로 국내 시장 보호에만 앞장서면 국제무역은 시들해지고 경제적 안정을 누리기도 어려워진다. 만약 다른 모든 나라들이 국경을 봉쇄하고 국내 시장의 문을 굳게 잠근다면 우리 회사도 세계 각국의 고객들에게 물건을 팔 수 없게 되잖아? 그렇군, 결국 국제무역은 일방통행로는 아니었던 거야.

경제를 원활하게 돌아가게 만드는 10가지 원리 중 제3원리인 경쟁 부분을 제한할 경우, 그 영향은 고객은 물론 기업과 국가에까지 미친다. 우선 고객들은 고품질의 상품과 서비스를 저렴한 가격에 구입할 수 있는 기회를 놓친다. 물건의 질은 떨어지는 데 값은 더 치러야 하는 역설적인 상황이 벌어지는 것이다. 사실 고객의 입장에서는 자기가 사려는 물건이 국산이든 수입 제품이든 중요하지 않다. 중요한 것은 품질이 좋고 저렴해야 한다는 것뿐이다.

시장에서의 자유경쟁을 제한할 경우 기업도 타격을 입는다. 경제 제2의 원리에 따라 시장성 있는 상품들로만 자신을 특성화시킬 수 있는 기회가 줄어들기 때문이다. 뿐만 아니라 경제 제7원리에서 말하는 투자 가능성도 낮아진다. 그리고 실적에 대한 부담이 없으면 제6원리에서 말하는 동기도 부여되지 않는다. 경쟁자가 없기 때문에 발전하려는 의지도 결여되고 새로운 상품과 서비스를 개발하려는 의욕도 떨어진다. 결국 기업은 고용창출자의 역할을 제대로 소화하지 못하고 이윤도 줄어든다. 장기적으로 볼 때 모두를 위한 성장과 복지의 원동력은 경쟁뿐이다. 레옹도 이제 그 정도는 충분히 깨달았다. 다만 공정한 경쟁을 방해하는 자들이 있고 그런 자들 때문에 승자와 패자가 갈리는 상황에 화가 날 따름이다.

한편 국가는 해외 기업으로부터 국내 기업을 보호해야 할 권한과 의무를 지닌다. 그렇게 국내 기업과 국내의 일자리를 보호하는 데 드는 비용은 납세자들의 주머니에서 나온다. 경영상의 문제로 적자만 기록하고 국제 경쟁에서 뒤처지다가 위기에 봉착한 국내 기업을 살리는 자금도 국민들의 세금으로 충당한다. 이쯤에서 레옹의 머릿속에 한 가지 의문이 떠오른다. 대체 어떤 기업이 살아남는 기업일까? 세계화의 물결로부터 자신을 방어하는 기업일까, 아니면 세계화가 지닌 장점을 적극 활용하고 누리는 기업일까?

 ## 성급한 세계화와 점진적 세계화 중 어느 편이 더 현명할까?

한때 극심한 가난에 시달리던 한국이나 대만은 세계화를 발판으로 눈부신 경제성장을 이룩했다. 그 성공의 비결은 서두르지 않고 국내 시장을 점진적으로 개방한 것이었다. 한국과 대만은 서유럽과 일본, 북미 쪽으로의 수출 실적도 착실히 쌓아올렸다. 그런 전략이 있었기에 큰돈을 벌 수 있었던 것이다. 한국과 대만은 서유럽과 일본 그리고 북미의 개방된 시장을 적극 활용하면서 수익을 올렸다.

세계화가 시작되던 당시, 한국과 대만을 비롯한 여러 국가들은 해외로부터 국내로 수입되는 물품의 양이나 종류를 제한했다. 아직까지는 취약한 국내 기업과 은행이 이미 거대하게 성장한 외국 기업과 은행에 맞서기에는 역부족이라 봤던 것이다. 그들은 또 여러 가지 상품과 서비스 분야에 있어 외국 기업들이 국내 기업보다 더 나은 품질, 더 낮은 가격, 더 다양한 종류의 상품을 시장에 출시할 수 있다는 것도 간파했다. 그런 까닭에 처음에는 제한조치를 실시하다가 시간이 지남에 따라 조심스럽게, 단계적으로 외국 기업과 은행에 국내 시장을 개방했다. 시장개방에는 물론 서유럽, 일본 북미의 정치적인 입김도 작용했다.

중요한 것은 언제까지 수입제한조치를 통해 국내 기업과 은행을 외국 업체로부터 보호할 것인가 하는 문제인데 여기에 대해서는 아직까지 시원한 답변이 나오지 않고 있다.

외국 기업에 대해 국내 시장을 하루아침에 개방하는 것은 곧 국내 기업과 은행의 파산을 의미할 수 있다. 그렇다고 대문을 꼭꼭 걸어 잠그고 있을 수도 없다. 이는 곧 국내 기업과 은행에게 국제적으로 경쟁력을 확보할 수 있는 기회를 주지 않는 것이나 마찬가지기 때문이다. 언젠가는 '차가운 바다'에 스스로 뛰어들어야 한다. 어차피 결국에는 시장을 개방하라는 정치적 압력에 손을 들고 말 것이기 때문이다. 그러나 개방의 속도에 있어서는 대개 국내 시장을 세계적 경쟁의 소용돌이에 갑자기 내동댕이치는 것보다는 점차적으로 문호를 개방하는 편이 더 낫다고 말할 수 있다.

레옹과 10가지 경제원리

레옹은 10가지 경제원리를 바탕으로 경제 전반을 명쾌하고도 편견 없는 시각에서 바라보았다. 이제 레옹은 '뱀파이어', 고용안정, 환경보호, 임금인상, 빈부차이, 연금의 미래, 투기, 물가상승, 세계화와 세계화로부터 자신을 방어하는 법 등 경제의 여러 단면을 이전보다 좀 더 깊이 꿰뚫어볼 수 있게 되었다.

그런데 경제에 대한 새로운 시각을 지니게 되었음에도 불구하고 레옹은 왠지 기분이 찜찜하다. 명쾌해졌다는 기분보다는 오히려 생각이 많아지면서 머리만 더 복잡해진 것 같다. 지금까지 자신이 경제에 걸어온 기대가 와르르 무너진 때문일까? 사실 레옹은 앞으로 점점 상황이 좋아져서 언젠가는 복지 수준이 매우 높아지고 스트레스 없이 경제적 풍요를 누릴 수 있을 것이라 기대했다. 레옹이 생각하는 경제적 풍요는 실직의 두려움이나 연금에 대한 불안감이 없는 상태이다. 하지만 그러한 기대와 믿음은 레옹이 꿈에도 그리던 메르세데스 올드타이머 1930년 형을 단돈 1유로에 사는 것만큼이나 허황된 것이었다.

이쯤에서 재미있는 질문을 한 가지 던져보자. 기대가 무너졌다는 사실을 확인한 레옹은 앞으로 어떻게 해야 할까? 경제의 현실을 고려해 기대수준을 낮춰야 할까, 아니면 경제가 레옹을 비롯한 수많은 사람들의 기대에 부응해야 할까? 물론 아직까지 지구상 어느 나라, 어떤 경제도 국민들이 기대한 바를 완벽하게 충족시켜 줬다는 이야기는 들은 바가 없다. 하지만 인간의 상상력은 지금까지 늘 기적을 일으켜왔고, 그런 기적이 또 다시 일어나지 말라는 법은 없다.

그리하여 먼 훗날 지금과는 완전히 다른 형태의 경제생활이 우리 앞에 펼쳐질지도 모른다. 하지만 그날이 오기 전까지는 고객의 마음을 사로잡기 위한 품질경쟁과 가격경쟁이 여전히 경제의 흐름을 좌우할 것이다.

경제 돋보기가 보여주는 것들

지금까지 우리는 경제 돋보기를 통해 발레리의 레스토랑을 살펴보았고 성장과 몰락, 재건을 거듭한 태국 경제 그리고 레옹의 일상도 관찰했다. 자잘한 부분을 세세히 들여다보는 과정에서 때로는 같은 사건을 문화 돋보기에 비춰보기도 했다.

경제 돋보기는 경제계의 특정 분야를 보여주는 장비이다. 그러나 이 돋보기 하나만으로 인생의 모든 진실을 발견할 수는 없다. 돋보기의 종류로는 경제 돋보기뿐 아니라 정치 돋보기, 문화 돋보기, 기술 돋보기, 복지 돋보기, 환경 돋보기, 혹은 스포츠 돋보기 같은 것들도 있다. 모두가 특정 분야를 자세히 들여다보기 위한 도구들이다. 각각의 차이점을 파악하는 데는 일상적인 사례가 도움이 된다. 여기에서는 책을 예로 들어보자.

책은 문화의 영역에 속한다고들 한다. 과연 그럴까? 작가들은 대개 머릿속에 떠오른 영감과 아이디어를 종이 위에 옮기는데, 그러한 영감의 산물이 지닌 진정한 가치를 출간된 책에 매겨진 정가나 판매부수로 판단할 수는 없다. 예컨대 스코틀랜드에서 출간된 물의 정령에 관한 어떤 책이 5십만 부가 아니라 단 50부만 팔렸다고 해서 그 책이 무가치한 것은 아니다. 책을 구입한 50명에게는 특별한 의미를 지닐 수도 있기 때문이다. 이때 만약 경제 돋보기를 들이댄다면 아마도 그 책이 거둔 물질적 성공에만 초점을 맞추게 될 것이다. 즉, 그 책이 출판사와 저자에게 얼마나 큰 수입을 안겨줬는지에만 관심을 갖게 되는 것이다. 그러나 문화 돋보기를 꺼내들 경우, 제기되는 의문과 답변은 확연히 달라진다.

우리는 책을 통해 여가시간을 즐겁게 보내거나 지금껏 모르던 새로운 사실을 접한다. 개인적 문제나 의문 해결의 열쇠를 책 속에서 발견하는 경우도 있다. 책 속에는 수많은 이들의 지식과 경험 그리고 감정이 담겨 있는데 그러한 것들을 끄집어내는 데는 경제 돋보기보다는 문화 돋보기가 훨씬 더 유용하다. 경제 돋보기는 정가표나 판매부수에만 포커스를 맞추기 때문이다.

정치 돋보기에 책을 비추어볼 수도 있다. 21세기에 접어든 오늘날에도 자신이 저술한 책 때문에 정치적으로 박해받거나 심지어 수감되는 사람이 여전히 존재한다. 쓰고 싶은 것도 마음대로 쓰지 못하고 읽고 싶은 것도 마음대로 읽지 못하는 세상이라는 말이다. 그런 것을 보면 '생각은 자유'라는 말이 속담에서는 통할지 몰라도 실제 생활과 정확하게 일치하는 것은 아닌 듯하다. 정치 돋보기를 통해 우리는 어떤 책이 지닌 정치적 가치, 다시 말해 세상을 변화시킬 수 있는 아이디어와 도전 정신을 발견한다. 한 권의 책이 엄청난 영향력을 발휘한 사례는 역사 속에서도 쉽게 찾을 수 있다. 성서와 같은 종교서적, 다윈의『진화론』같은 학술서적, 칼 마르크스의『공산당선언』같은 정치서적들은 모두 다 판매부수로 대변되는 가치 이상의 가치를 지녔고 지금도 그 가치는 여전히 이어지고 있다.

기술 돋보기로 책을 관찰하면 어떤 단면을 발견할 수 있을까? 무엇보다 책의 인쇄방법이 가장 먼저 눈에 들어올 것이다. '보다 값싼 잉크로 보다 나은 색감을 표현할 수는 없는 것일까?' 라는 질문도 떠오를 것이고, 그 생각을 하다 보면 환경 돋보기가 바통을 넘겨받아 '종이와 잉크를 만드는 과정을 보다 환경친화적으로 개선할 수는 없을까?' 라는 질문을 하게 될 것이다. 만약 경제 돋보기로 기술의 내부를 들여다보려 한다면 신기술로 인쇄할 때 드는 비용이나 환경친화적 생산에 추가로 드는 비용, 그로 인해 발생하는 이익밖에 발견하지 못할 것이다. 즉, 한 권의 책이 지닌 기술적인 면면을 경제 돋보기로는 그다지 깊이 관찰할 수 없다는 말이다.

위에서 소개한 각종 돋보기의 최대 장점은 필요할 때면

언제든지 꺼냈다가 다시 집어넣을 수 있다는 점이다. 경제 돋보기를 꺼낼 경우, 경제적 안정을 이룩하고 유지하는 과정을 잘 관찰할 수 있지만 인생의 참된 의미를 발견할 수는 없다. 삶의 보다 깊은 부분을 관찰하기 위해서는 정치 돋보기, 문화 돋보기, 종교 돋보기, 혹은 사회 돋보기가 필요하다.

다음 장에서는 복지와 안정의 근원이라는 의미 외에 경제가 우리 삶에 또 어떤 의미를 지니는지에 대해 살펴보기로 한다.

CHAPTER 6

경제, 축복일까
저주일까

일요일 저녁, TV를 틀자 광고가 흘러나온다. 화면 오른쪽 귀퉁이는 '경제, 축복일까 저주일까?'를 주제로 한 프로그램이 이제 막 시작될 것을 예고하고 있다. 레옹은 본능적으로 채널을 돌리려 한다. 어휴, 경제만 빼면 뭐든지 다 좋단 말씀이야! 하지만 아내 소피가 채널을 못 돌리게 제지한다.

흠, 오늘 내가 처제에 대해 안 좋은 소리를 좀 했다고 이런 식으로 복수하는 거야? 쩝, 그렇다면 할 수 없지, 반성하는 수밖에……. 레옹은 얌전히 앉아 TV를 물끄러미 쳐다본다. 방송은 이렇게 시작된다.

자유와 사회정의는 우리 사회의 핵심가치입니다. 자유와 정의야말로 우리가 경제를 판단하는 잣대라 할 수 있지요. 경제를 자유의 시녀로 보는 사람이라면 경제를 긍정적으로 바라볼 것입니다. 경제가 있기에 일상생활 속에서 더 많은 자유를 누릴 수 있다고 생각하지 않을까요. 반면 경제가 사회정의를 위협하는 원리라 생각하는 사람이라면 경제를 보는 시선이 결코 곱지 않을 것입니다. 경제로 인해 많은 이들이 피해를 입고 소외당한다고 생각하겠지요.

그런데 경제를 판단하는 기준이 비단 자유와 사회정의라는 두 가지만은 아닙니다. 경제가 어떤 식의 발전을 이뤄내는지, 혹은 정서적 안정과 삶의 보람에 어떤 영향을 미치는지에 대해서도 의문을 제기하게 됩니다.

우리는 일반적으로 발전이 보다 나은 삶을 의미한다고 믿습니다. 시청자 여러분들은 경제가 우리 삶을 보다 풍요롭게 발전시킨다고 보십니까? 그렇다면 정서적 안정과 삶의 보람을 찾고자 하는 인간의 기본욕구에 있어 경제가 어떤 역할을 한다고 보십니까?

자유, 사회정의, 발전, 정서적 안정과 삶의 보람. 이 원리들은 경제를 관찰할 때 늘 기준으로 삼아야 할 것들입니다.

시청자 여러분, 삶을 흥미진진하게 만드는 것은 정지성이 아니라 역동성입니다. 여기에서 말하는 역동성이 단지 '더 빨리, 더 높이, 더 멀리' 만 의미하는 것은 아닙니다. 역동성은 무엇보다 옛것에 대해 의문을 제기하고 새로운 것을 추구할 때 발휘됩니다. 먼저 정치 분야에서 어떤 역동성이 발휘되었는지 한번 살펴볼까요? 왕과 귀족이라는 옛것은 사라지고 민주주의와 인권이라는 새것이 그 자리를 대신했습니다. 왕과 귀족은 1등 국민이요, 농민이나 수공업자는 2등 국민이라는 식의 구분은 더 이상 존재하지 않죠. 지난 몇 세기를 주도한 정치적 역동 덕분에 오늘날 서구사회에서는 모두가 똑같은 권리, 똑같은 의무를 지니게 되었습니다. 누구나 정당을 조직할 수 있게 되기도 했습니다. 경제라는 제도 전반을 무너뜨리는 것이 목표인 정당이든, 지저귀는 새를 고양이의 공격으로부터 보호하는 것이 목표인 정당이든, 요즘은 거의 모든 종류의 정당 설립이 허용됩니다.

일상생활 속에서도 우리는 현대 학술이 올린 몇몇 쾌거를 알게 모르게 만끽하고 있습니다. 에어컨과 보일러 덕분에 더운 여름과 추운 겨울에도 쾌적한 삶을 누릴 수 있지 않습니까. 학계에서 그러한 역동적인 기술을 개발하지 않았다면 우리는 지금보다 훨씬 더 땀을 많이 흘리고 차가운 바람에 훨씬 더 오들오들 떨었을 것이며, 무엇보다 우리 입에서 험한 말들이 훨씬 더 많이 쏟아졌을 것입니다. 그런데 지금은 오히려 신기술 때문에 고민 아닌 고민에 빠져드는 지경에 이르렀습니다. 여러분은 주변에서 이런 고민을 흔히 듣지 않습니까? '여름에 에어컨 온도를 21도로 하는 것이 좋아, 19도로 하는 것이 좋아? 19도면 너무 춥지 않아? 그러다 감기에 걸릴지도 몰라!' 아마도 인간은 걱정 없이는 살 수 없는 동물인가 봅니다.

나아가 문화의 다양성을 창출하는 원동력도 인간의 역동성입니다. 문학, 음악, 건축, 철학, 연극, 무용, 영화 등 예술계에서는 새로운 활동이 끊임없이 이뤄지고 있지요. 늘 새로운 주제와 새로운 표현 가능성을 모색하는 예술가들 덕택에 모두가 다양한 문화적 혜택을 누릴 수 있게 된 것입니다.

셰익스피어와 같은 작가, 피카소 같은 화가, 베토벤 같은 작곡가의 위대한 작품들도 역동성을 기반으로 탄생한 것들입니다. 지나간 시대의 거장들뿐 아니라 동시대 예술가들의 그림과 문학작품, 음악작품 역시 과거에 못지않고 보는 이들의 흥미를 한껏 유발합니다. 굳이 심미안이나 예술적 안목을 지니고 바라봐야 하는 고전작품이 아니라 하더라도 일상생활에서 쉽게 접하는 문화 또한 우리 삶을 풍요롭게 만들어주지요. 우리가 즐겨듣는 팝송 한 곡이 냉장고 위에 앉은 토끼를 노래한 시 한 편보다 결코 예술적 가치가 떨어지는 것은 아니니까요.

정치, 학문, 문화 등 각종 분야에서 일어나는 역동적 활동 속에는 독창적 창의성과 모험심을 마음껏 발휘할 수 있는 자유가 언제나 내포되어 있습니다. 물론 표현의 자유를 힘겹게 쟁취해야 하는 경우도 없지 않지만 말입니다.

경쟁을 통한 발전

시청자 여러분, 발전이라는 말을 들으면 왠지 모든 것이 긍정적인 방향으로 변화하리라는 낙관적 기대가 움트지 않습니까? 경제 분야의 발전을 이끌어내는 원동력은 뛰어난 아이디어와 용기를 지닌 기업 그리고 열심히 일하는 직원들이 서로 남들보다 더 성공하기 위해 경쟁하는 것에서 비롯됩니다. 이때 역동성은 그 경쟁이 원활하게 돌아가게 만드는 윤활유 역할을 합니다. 모든 것을 의문에 부쳐보고 새로운 상품과 서비스를 개발하려는 노력이 바로 그러한 역동성입니다. 경쟁을 통한 발전은 새로운 가능성을 창출하며 예전에 불가능했던 것을 가능하게 해 줍니다. 경제계도 현대 학문의 발전을 십분 활용하고 거기에서 결정적 이익을 취했습니다. 경제계는 학계에서 제시한 새로운 연구결과를 모두에게 이익이 되는 상품과 서비스로 발전시켰습니다. 전자레인지나 주름방지 크림, 거실에 앉아서도 올림픽 생중계를 시청할 수 있는 기술 등이 그 예라고 할 수 있겠지요.

이러한 발전의 결과는 우리 생활 전반에 영향을 미칩니다. 농업 분야를 예로 들어볼까요? 예전에는 먹을 것이 없어

허덕였던 반면 지금은 적어도 이론적으로는 모두를 먹여 살릴 만큼의 충분한 양을 수확할 수 있는 신기술이 개발되었습니다. 의료 분야는 또 어떻습니까. 현대인들의 수명은 예전에 비해 훨씬 더 연장되었고 건강 상태도 예전과 비교할 수 없을 정도로 양호해졌습니다. 교통 분야의 발전도 빠질 수 없지요. 세계 어디든 마음만 먹으면 자동차나 기차, 혹은 비행기로 도달하지 못할 곳이 없습니다. 교육수준도 그 어느 때보다 높아져서 고학력 인구의 수가 역사상 최대를 기록할 정도라고 합니다. 통신 분야도 예외는 아닙니다. 1년 365일, 하루 24시간 내내 원하는 사람과 언제든지 연락을 취할 수 있게 되었습니다. 심지어 스키를 타며 휴대폰으로 통화를 할 수도 있습니다. "엄마, 뭐해요? 여긴 진짜 재미있어요. 날씨도 끝내준다니까요. 밥도 맛있고요. 참, 아빠 뭐하고 계세요?"라며 말이지요.

한편 최근 들어 가장 큰 주목을 받는 분야는 단연 컴퓨터입니다. 컴퓨터 분야에서 일어나는 발전은 아무리 사소한 발전이라 하더라도 지금과는 완전히 다른 새로운 차원의 가능성을 열어줍니다. 컴퓨터 분야의 발전이 기존의 업무방식을 바꾼 경우도 적지 않습니다. 타자기 사용자를 찾아보기 힘들어진 것도 컴퓨터가 그만큼 더 편리하다는 점을 입증하는 것이 겠지요. 뿐만 아니라 컴퓨터는 새로운 직종, 새로운 형태의 일자리를 창출해 내기도 했습니다. 일상생활에서 처리해야 하는 일들도 대부분 컴퓨터로 하면 더 빠르고, 더 저렴하고, 더 안전합니다. 물론 예외가 없는 것은 아니지만 거의 대부분의 경우에 있어 그렇다는 뜻입니다.

하지만 컴퓨터는 편리한 동시에 위험도 내포하고 있습니다. 컴퓨터시스템 상의 문제로 인해 통신이 완전히 단절되고, 그 결과 휴대폰 통화가 불가능해질 수 있습니다. 컴퓨터시스템의 오류로 인해 전기 공급망이 마비되면 TV 시청은 꿈도 꾸지 못하겠지요. 국세청 컴퓨터에 오류가 발생해 세금고지서를 아예 작성하지 못하는 '통쾌한' 사고가 발생할 수도 있지 않을까요? 그렇게만 된다면 우리 모두는 나아진 주머니 사정에 다들 신바람이 날 텐데 말입니다.

컴퓨터는 우리의 일상을 무서운 속도로, 완전히 다른 모습으로 변화시키고 있습니다. 그런데 이러한 발전이 하늘에서 뚝 떨어진 것은 아닙니다. 경제계의 누군가가 치밀하게 계획하고 조종한 것도 아닙니다. 발전은 수천, 수만에 달하는 사람들이 다양한 장소, 다양한 시간에 행한 모든 활동의 총체적 결과입니다. 그렇다면 그 모든 활동, 다시 말해 기업의 영업활동, 하드웨어나 소프트웨어 등의 기술개발, 생산이나 판매를 담당하는 직원들의 업무를 조정하는 것은 누구일까요? 그것은 바로 경쟁입니다. 경쟁에서 우위를 차지한 자에게는 즉각적인 보상도 주어지지요. 하루가 다르게 성능이 개선된 컴퓨터가 더 값싼 가격에 출시되는 것도 모두 이러한 메커니즘 덕분이라 할 수 있습니다. 이것이 바로 모두에게 이익이 되는 '경쟁을 통한 발전' 이라는 것입니다.

앞으로는 더 많은 분야에서 발전이 일어나 다양한 문제들을 해결하리라 기대됩니다. 도처에 만연한 빈곤과 기근 문제를 뿌리 뽑으려면 경제가 지금보다 훨씬 더 발전해야 하는데, 이러한 발전은 결국 더 좋은 상품, 더 나은 서비스를 개발하기 위한 경쟁을 통해서만이 가능합니다.

오늘날 학계와 경제계에서 발전을 이끌어내는 유일한 원동력은 바로 경쟁입니다. 경쟁자들을 물리치고 최고의 이론이나 상품을 개발한 사람에게는 성공이라는 보상이 주어지지요. 암을 치료하는 기적의 특효약을 발견한 사람에게 성공은 따 놓은 당상이나 다름없지 않겠습니까. 무설탕, 무칼로리이면서도 일반 초콜릿과 맛이 똑같고 행복감도 불러일으키는 땅콩 초콜릿을 개발하기만 하면 매출신장은 불을 보듯 뻔할 것이고요. 학계나 기업, 혹은 개인의 경쟁이 환자나 고객에게 이익으로 돌아가는 사례도 무한히 많습니다.

한편 어떤 물건의 가격이 인하되어 더 많은 사람들이 그물건을 살 수 있게 된다면 그 또한 일종의 발전이라 할 수 있습니다. 예를 들어, 먹은 것을 절대 후회하지 않을 만큼 맛난 땅콩 초콜릿의 값이 절반 이하로 떨어지는 것도 일종의 발전이라는 말입니다. 경쟁체제 속에서 자신이 지닌 독창성과 창의력, 모험심을 자유롭게 발휘할 수 있을 때 발전의 폭과 깊이는 증대됩니다. 다시 말해 경제계 내에서 경쟁을 통한 발전을 기대하려면 우선 자유가 전제되어야 한다는 말이지요.

핵심가치로서의 자유

경제는 자유의 시녀입니다. 즉, 경제는 자유라는 목적을 실행하기 위한 수단이라는 뜻입니다. 경제는 인간에게 전보다 더 큰 자유를 누릴 수 있게 해 주는 도구입니다. 복지 자체를 위한 복지는 큰 의미를 지니지 못합니다. 경제적 안정을 통해 우리 삶을 보다 자유롭게 꾸려 나갈 수 있는 여지를 확보할 수 있을 때 비로소 경제발전이 의미 있는 것으로 승화됩니다. 예를 들어 관광산업에 비단 일자리 창출의 의미만 내포되어 있는 것은 아닙니다. 관광산업이 있기에 각자 자신의 주머니 사정에 맞는 휴가여행을 선택할 기회도 생기는 것입니다. 휴가지에서 밀림 속 희귀식물을 탐구하든 하루 종일 수영장에서만 시간을 보내든, 선택은 자유입니다. 두 가지 모두에 관심을 지니지 않는 것마저 우리에게 주어진 자유라 할 수 있고요.

그런데 자유는 두 가지 얼굴을 지니고 있습니다. 먼저 부정적 얼굴부터 살펴볼까요? 국가나 제3자에게 개입권이 주어지지 않는다 하여 마음대로 행동하는 방종이 바로 자유의 부정적 단면입니다. 하지만 방종의 정도가 지나치면 국가가 개입합니다. 국가가 도둑질한 사람을 처벌할 권리조차 지니지 않는다면 그 또한 어불성설 아닐까요? 반면 자주적 결정에 따라 행동할 수 있는 자유는 긍정적 자유입니다. 그러한 긍정적 자유를 어디까지 행사할지는 각자의 성격과 개개인에게 주어진 가능성에 따라 결정됩니다. 높아진 복지수준과 경제적 안정, 향상된 교육수준, 개선된 보건환경 등은 긍정적 자유를 한껏 발산할 수 있는 가능성의 폭을 늘려줍니다. 물론 거기에도 법과 의무 그리고 해당 사회에 통용되는 도덕이 정하는 한계는 있습니다. 한계 없는 자유는 어디에도 없습니다.

시청자 여러분, 경제적 자유는 인간의 자유를 구성하는 중대한 원리입니다. 자신이 원하는 방법으로 돈을 벌고 쓸 수 있는 자유는 자신들을 대표할 정치가들을 선출함으로써 정치에 참여할 수 있는 자유 못지않게 중요합니다. 경제적 자유를 보장하지 않은 채 정치적 자유만 보장하는 민주주의는 지구상 그 어디에도 전례가 없습니다. 그러나 정치적 자유를 보장하지 않은 채 경제적 자유만 허용하는 국가는 몇몇 존재합니다. 하지만 경제적 성장과 함께 복지수준이 개선되면 그들 국가에도 정치참여를 보장해 줄 것을 요청하는 목소리가 이내 높아질 것이 틀림없습니다.

경제적 자유는 물질적 불평등을 조장하기도 합니다. 원한다고 누구나 경제적 자유를 충분히 누릴 수 있는 것은 아니니까요. 각자의 소득과 직업, 지위가 다르듯 개개인이 누릴 수 있는 경제적 자유에도 차이가 있습니다. 때문에 인간은 누구나 평등하게 태어난다는 말에 의심을 품는 이들도 적지 않은데요, 하지만 어쨌든 인간은 누구나 타인에게 양도할 수 없는 인권을 지니고 있고 이로 인해 법 앞에 만인이 평등하다는 것만큼은 분명한 사실입니다.

단, 법 앞의 평등이라는 형식적 평등이 물질적 평등을 의미하는 것은 아닙니다. 모두에게 동일한 복지수준과 물질적 평등을 보장하라는 요구는 논리가 결여된 주장입니다. 모두가 동일한 장소에서 동일한 일을 하고 동일한 능력을 발휘하고 수입에도 차이가 전혀 없다면 모를까, 지금처럼 뿔뿔이 흩어져서 각자 다른 일을 하고 있는 사회에서는 어림없는 이야기입니다. 인도에서 이발사로 일하는 사람의 수입은 영국에서 머리를 깎는 사람보다 적을 수밖에 없습니다. 인도 사람 대부분의 지불능력이 영국인들보다는 낮기 때문이지요. 단일 사회 내에서도 심장전문의와 음료수 판매원의 수입에는 차이가 납니다. 교육수준이나 업무에 따른 책임감, 각자가 하는 일이 사회에 미치는 효용 등에 분명 차이가 있기 때문에 수입에도 차이가 있을 수밖에 없습니다.

이렇듯 동일한 사회의 구성원이라 할지라도 각자에게 주어진 경제적 자유에는 차이가 있는데, 이를 받아들이기 위한 최소한의 전제조건은 바로 기회의 균등입니다. 기회가 동일하게 주어진다는 전제 하에 각자의 행복을 책임지는 것은 바로 자기 자신입니다. 더 나은 지위, 더 큰 부자로 발돋움하기 위한 기회 역시 경쟁 속에 존재하는 것이고요.

그런데 실제 우리 삶을 들여다보면 그러한 기회마저 균등하지 않다는 생각이 들 때가 많습니다. 돈 많은 부모로부터 두둑한 유산을 물려받은 이가 있는가 하면 남다른 재능을 타고난 이도 있지요. 야심이 남들보다 큰 사람도 있고 자기가 무슨 일을 하든 늘 든든한 버팀목이 되어주는 가족을 지닌 이도 있습니다. 그런 상황을 모두 감안한다 하더라도 결국 우리는 경쟁 속에서 기회를 찾을 수밖에 없습니다. 경쟁이야말로 타고난 불리함을 능력으로 극복할 수 있게 해 주는 기회이며, 발판이기 때문입니다.

우리 사회를 구성하는 핵심가치인 자유가 경제 분야에서 지니는 중대한 의미가 있습니다. 자신의 경제적 삶을 자신의 의지에 따라 꾸려 나갈 자유가 바로 그것입니다. 그 자유는 무엇과도 맞바꿀 수 없습니다. 우리 모두는 각자의 책임 하에 시장경쟁의 거센 소용돌이 속에서 적극적으로 성공을 추구할 자유를 지닙니다. 경제적 성공을 통해 자신의 자유뿐 아니라 타인의 자유도 증대시킬 수 있습니다. 신약을 개발한 학자는 큰 돈을 벌고 대개 명성도 얻게 되는데, 이는 그 자신에게도 큰 기쁨이겠지만 그 약으로 인해 목숨을 건진 수많은 환자들에게도 이득이 되는 일입니다. 나아가 자신의 노력으로 일구어낸 열매에 대한 충분한 보상도 얻을 수 있습니다.

자유에 대한 이러한 생각 뒤에는 낙관적 인간상이 숨어 있습니다. 즉, 인간은 누구나 각자에게 주어진 자유를 올바르게 활용할 것이라는 믿음, 부정적 방향보다는 긍정적 방향으로 자유를 발산할 것이라는 신뢰가 내포되어 있는 것이지요. 물론 인간이기에 실수를 저지를 수도 있습니다. 그런 실수는 올바른 본능을 지니지 못한 상태에서 올바른 길로 이끌어주는 선배조차 없기에 발생하는 것입니다. 그러나 각자의 삶은 결국 각자가 책임지는 것이고, 이는 자유 속에 담긴 기회와 위기 모두를 수용할 때 비로소 가능해집니다.

자유의 최대의 적은 책임감이나 실패에 대한 두려움입니다. 우리는 경제를 각자에게 주어진 자유를 적극 활용하고 그 자유를 자신뿐 아니라 타인에게도 도움이 되는 방향으로 발산하라는 요구로 이해해야 할 것입니다. 경제는 복지수준을 드높이고 자유를 증대시킵니다. 그런 의미에서 경제는 우리에게 주어진 축복이라 할 수 있습니다.

경제가 축복이라는 말에 소피가 환호하며 레옹도 같은 생각인지 물어본다. 하지만 레옹은 심각한 표정만 짓다가 정반대의 결론이 나올지도 모르니 조금 기다려보자고 제안한다.

물론 경제에 대한 비판적 시각도 다분합니다. 경제는 인간을 시장에 예속시킨다고 보는 것인데, 다시 말해 인간을 객체로 만들어버린다는 뜻입니다. 하지만 매사의 기준은 바로 인간이 되어야 합니다. 어떤 경우에도 시장이 인간만사의 기준이 되어서는 안 됩니다. 경제 때문에 자주적 삶을 꾸려갈 기회를 잃어서야 말이 되겠습니까. 경제의 요구에만 귀 기울이다 보면 인간은 결국 소외되고 맙니다. 기껏해야 경쟁에서 우위를 차지한 몇몇이 물질적 성공으로 더 편한 삶을 누리는 정도밖에 되지 않겠지요.

시장보다 인간이 우선되는 사회

　하지만 돈이 우리 삶의 전부는 아닙니다. 정치적, 사회적, 문화적, 정신적 단면도 우리 삶을 구성하는 중대 원리들입니다. 우리 모두가 경제적 성공에 너무 집착한 나머지 그러한 가치들을 망각하고 있는 건 아닐까요? 두둑한 은행잔고가 외롭고 허망한 마음을 달래주지는 않습니다. 오히려 본능적으로 경제를 최대한 멀리하려 하는 이들이 대부분이지요. 부자가 되는 것, 사회적으로 성공하는 것보다 더 중요한 가치가 있습니다. 그것은 바로 정서적 안정과 삶의 보람입니다.

신자유주의의 기치 하에 경제는 우리 모두를 경쟁 속으로 내몰고 있습니다. 기업뿐 아니라 문화단체, 의료기관도 거친 경쟁에 휘말리고 있습니다. 지금 우리는 손실 없는 이윤을 기록하는 자만이 살아남을 수 있는 시대를 살고 있습니다. 그렇기 때문에 손실의 기미가 보이는 즉시 경비절감을 위해 정리해고를 하는 기업도 더러 있지요. 적자만 기록하던 병원이 종국에는 문을 닫았다는 이야기도 심심찮게 들려옵니다.

신자유주의는 온 힘을 다해 복지국가를 공략합니다. 신자유주의의 관점에서 보자면 복지국가는 복지를 빌미로 세금을 낭비하고 국민들의 발을 묶는 기구에 불과하니까요. 하지만 복지국가가 없다면 잔인한 시장논리로부터 국민을 보호해 줄 기구도 사라집니다. 신자유주의에서 말하는 사회는 누구나 발붙일 수 있는 사회는 아니니까요. 하지만 오직 이윤과 비용의 관점에서 인간을 판단하고 필요하다면 인간을 소외시키기까지 하는 행위는 사회정의 실현에 정면으로 배치될 뿐입니다.

시청자 여러분, 이쯤에서 어느 가정의 저녁식사 장면을 같이 한번 들어볼까요? 식사를 하다 말고 딸이 아버지에게 이렇게 묻습니다. "아빠, 나도 나중에 크면 아빠처럼 매일 일해야 돼요? 그다지 수긍이 가지도 않는 경제체제 때문에 내가 뼈 빠지게 일할 필요는 없잖아요?" 그러자 아버지는 이렇게 대답합니다. "그러게 말이다. 나도 왜 그래야 하는지 모르겠어. 저기 저 토스터의 작동법도 모르는 내게 대체 뭘 기대하는 거냐?"

정서적 안정과 삶의 보람

소득과 직업 그리고 자동차는 한 사람의 사회적 지위를 드러낸다고 합니다. 하지만 그런 것들로 그 사람의 감정을 판단할 수는 없지요. 돈이면 안 되는 것이 없다는 말도 있지만 과연 그 말이 옳을까요? 정서적 안정도 돈으로 살 수 있을까요?

사람은 누구나 심리적으로 안정되고 싶은 욕구를 지니고 있습니다. 갓 태어난 아기가 낯선 세상에 위협감을 느끼는 것도 결국 정서적 안정을 바라는 본능에 대한 반작용이라 할 수 있습니다. 성인이 되면 아무래도 아기 때보다는 훨씬 더 자주적이 되겠지만 그렇다고 상처받는 것에 대한 두려움과 본능이 사라지는 것은 아닙니다. 어른이 되어서도 여전히 주변 세상이 낯설 때가 많습니다. 우리 주변에서 일어나는 일들을 이해할 수도, 신뢰할 수도 없는 그런 상황 말입니다.

그러나 정서적으로 안정된 사람이라면 자기 내면에서 온기와 안정감을 찾고 나아가 정체성도 확립합니다. 그렇게 감정이 안정되면 상처나 낯선 것에 대한 두려움도 줄어들겠지요. 뿐만 아니라 우리는 정서적 안정 속에서 자기 삶을 긍정적으로 받아들일 수 있는 에너지를 얻습니다. 우리는 주변 사람들과의 관계, 가족, 문화, 역사, 종교, 공동체 모임 등에서 정서적 안정감을 얻습니다. 경제가 이러한 감정의 의미를 무시했기 때문에 시장이 차가운 전쟁터로 변해 버린 것입니다.

앞서 아버지와 딸의 대화를 잠시 들었는데요, 그 딸이 이번에는 이런 질문을 던집니다. "아빠, 먹고사는 것이 너무 힘들다고 하셨잖아요? 제가 보기에도 어떨 땐 심지어 잔인하다는 생각이 들어요. 나중에 전 어떻게 해야 좋을까요? 어떻게 해야 잔인한 경제로부터 내 자신을 지킬 수 있을까요?" 그러자 아버지가 대답합니다. "오늘따라 웬 질문이 그렇게 많니? 어떻게 해야 좋을지 알고 싶다고? 가장 좋은 건 공무원이 되거나 일찍 결혼하는 거지. 그러면 경제를 두려워할 필요가 없을 거다." 그러자 딸이 반박합니다. "아빠, 설마 그게 아빠 진심은 아니겠죠? 난 죽어도 그렇게 재미없게 살긴 싫단 말이에요!" 그 말에 머쓱해진 아버지는 슬쩍 화제를 돌립니다. "입이 좀 심심한데 후식은 뭐가 좋을까?"

인생의 의미를 찾는 일은 우리에게 주어진 가장 힘들고도 흥미진진한 숙제입니다. 인간은 누구나 알고 싶어 합니다, 내가 어디에서 왔는지, 왜 세상은 이 모양일 수밖에 없는지, 그 속에서 나는 어떻게 살아가야 좋을지, 앞으로 어떤 희망을 가져야할지 등에 대해서 말입니다. 간단히 말해서 '나는 누구인가?' 라는 질문에 대한 답변을 얻고 싶어 하는 것인데, 이 질문을 하는 이유도 결국 삶의 보람을 찾고 싶어서입니다.

정서적 안정과 삶의 보람은 서로 연관성이 많습니다. 그렇다고 두 가지가 동일한 것은 아니고요. 삶의 보람은 다양한 순간에 느낄 수 있습니다. 위기 속에서 삶의 보람을 느낄 때도 있지요. 예를 들어 전쟁에 참가한 군인이 자신에게 주어진 임무를 수행하며 보람을 느낄 수는 있습니다. 하지만 전쟁터에서 정서적 안정을 얻지는 못하겠지요. 가장 큰 위기는 정서적 안정과 삶의 보람, 두 가지 모두가 결핍되는 상황입니다. 그렇게 되면 고독과 회의에 빠지고 마니까요.

잠시 화제를 광고 쪽으로 돌려볼까요? 광고에서 약속하는 모든 것을 곧이곧대로 믿는 사람은 없을 것입니다. 광고는 늘 소비자를 유혹해 지갑을 열게 만드는 술수에 불과하다고 보는 사람이 더 많지요. 하지만 소비가 주는 안락과 사회적 인정을 자발적으로 포기하는 사람은 없습니다. 부의 정도 그리고 그 돈을 쓰는 방법이 사회적 지위로 이어지는 경우가 많으니까요. 물질은 이미 우리의 일상 구석구석까지 잠입해 있습니다. TV 광고가 꿈에 나왔다는 사람도 있더군요. 꿈속에서 '왠지 몸이 찌뿌드드하고 무겁다고요? 이제 지친 직장인들을 위한 피로회복제를 대용량 포장으로도 만날 수 있게 되었습니다. 단돈 5유로에 느끼는 자유, 여러분도 함께하세요!' 라는 광고를 듣고 얼른 약국으로 뛰어가 피로회복제를 샀다는 이야기 말입니다. 꿈에 일어난 일이기에 그 사람의 건강에도, 지갑에도 아무런 영향을 끼치지는 못했겠지만, 이 이야기가 우리한테 시사하는 바가 크다고 생각됩니다.

소비가 삶의 보람이 될 수는 없습니다. 소비를 하는 그 순간, 내면의 공허감을 잠시 잊을 수 있을지는 모르겠습니다. 그러나 경제의 시각으로 물질세계 저편에 자리 잡은 인생의 보람을 들여다볼 수는 없습니다. 기껏해야 '나는 물건 파는 사람' 혹은 '나는 회사원' 이라는 가치밖에 발견하지 못할 테니까요. 회사원이라 해서 산에 올라 명상을 할 때조차 이윤을 추구하는 것은 아닙니다. 삶의 의미를 깨닫기 위해 명상한다고 보는 편이 더 옳겠지요.

시장경쟁은 우리 사회의 복지수준을 점점 더 드높이고 있습니다. 하지만 그 경쟁 때문에 언제든지 무너질 수 있다는 점도 고려해야 합니다. 어느 날 갑자기 패자라는 꼬리표를 달게 될 가능성을 완전히 배제할 수는 없으니까요. 시장은 과거의 노고를 기억해 주지도, 너그러운 아량을 베풀지도 않습니다. 피도 눈물도 없을 정도 냉정하고, 익명성을 띠며, 앞일을 예측할 수 없고, 인정사정 봐주지도 않는 것이 바로 시장입니다. 늘 경제와 더불어 살아가면서도 경제가 낯설고 겁난다는 말이 나오는 것도 바로 그런 이유 때문입니다.

경제는 어딜 가도 만나게 되어 있습니다. 아무리 비판을 한다 하더라도 경제에서 완전히 벗어날 수는 없습니다. 누군가 내게 돈 없이 한 달만 살아보라고 명령한다고 생각해 보십시오. 몸소 겪지 않아도 그 난감함이 절실히 와 닿지 않습니까? 경제 없이 살아야 한다면 경제가 제공하는 모든 안락함도 덩달아 포기해야 할 텐데 어디 불편한 것이 한두 가지이겠습니까. 그렇다면 '경제청정지대'는 어디에도 없는 것일까요?

아닙니다, 경제로부터 자유로운 구역은 예나 지금이나 늘 존재해 왔습니다. 그 구역은 바로 우리 안에 있습니다. 우리가 정서적 안정과 삶의 보람을 추구하는 이상, 우리 안의 경제청

정지대도 영원히 존재할 것입니다. 그리고 아무리 경제가 발전하고 경제적 성공이 우리를 거세게 유혹한다 하더라도 우리는 늘 마음의 고향과 삶의 의미를 찾으려 할 것입니다.

핵심가치로서의 사회정의

올바로 돌아가는 사회란 사회정의 실현에 초점을 맞추는 사회입니다. 경제도 사회를 구성하는 한 부분이라는 점을 생각하면 경제 또한 사회정의 실천에 기여해야 마땅합니다. 사회정의라는 말 뒤에는 만인이 평등한 이상적 상태에 대한 염원이 숨어 있습니다. 서로가 서로를 존중하고, 외모나 재능, 종교나 재산, 출신 등에 관계없이 모두가 동등한 인권을 지니는 사회, 즉 정의로운 사회에 대한 열망이 바로 사회정의 실천으로 이어지는 것입니다.

시청자 여러분, 같은 것은 똑같이 그리고 다른 것은 다른 정도에 따라 다르게 대하는 것이 바로 정의라는 사고는 이미 2천년 이상의 역사를 지니고 있습니다. 반면 사회정의에 대한 생각은 19세기에 들어서 등장한 것입니다. 그러나 실제 생활에서는 외모, 재능, 종교, 야심, 재산, 출신, 각자가 지닌 행운의 차이 등이 만인이 동등하다는 이상주의와 충돌합니다. 분야에 따라 각기 다른 특성과 재능을 지닌 것이 바로 인간이니까요. 그간 이러한 실제적 차이를 이상적 동등함에 접근시키려는 노력은 무수히 많았습니다. 하지만 눈에 뻔히 보이는 차이를 완전히 무시할 수는 없습니다.

그렇다면 각자 다른 특성을 지닌 개개인을 어떤 기준에 따라 다르게 대해야 할까요? 누가 그 기준을 정하고 결과를 판단해야 할까요? 만약 남들보다 외모가 뛰어나고 교육수준이 높고 부모로부터 물려받은 재산이 많은 어떤 사람이 그러한 우위를 자신에게 유리한 쪽으로 활용한다면, 우리는 그 사람의 행동을 정당하다고 말할 수 있을까요? 정당하다는 가정 하에, 그렇다면 그 사람이 자신의 우위를 어디까지 활용해도 좋을까요?

사회 구성원들 간의 불평등을 해소하려는 노력에 있어 기준이 되는 것은 무엇일까요? 어떤 기준에 따라 우리는 두 사람 사이가 평등하다고, 혹은 불평등하다고 평가해야 할까요? 모두가 수긍하는 기준이 있기는 할까요? 그런 기준 때문에 불이익을 당하는 사람은 없을까요? 이러한 질문들 속에서 우리는 만인이 평등하다는 이상주의가 실제 생활에서는 늘 모순과 장벽에 부딪힐 수밖에 없다는 점을 확인하게 됩니다.

서유럽에서 사회정의에 대한 요구가 처음으로 불거진 시기는 19세기였습니다. 당시의 경제상황은 빈부간의 격차를 극적으로 벌여놓았고, 그 결과 수백만 명의 국민이 실직으로 인한 가난과 기근에 고통받았습니다. 국가도 도무지 어디서부터 손을 대야 할지 몰랐습니다. 그런 배경 하에 올바른 사회란 구성원 모두가 걱정 없이 살 수 있는 환경을 만들어주는 사회라는 사고가 싹텄습니다. 누구도 돈이 없거나 교육을 받지 못했다고 해서, 혹은 명성을 지니지 않았다는 이유로 소외받아서는 안 됩니다. 누구나 최소한의 품위를 유지하며 자력으로 살아갈 수 있는 바탕을 사회가 마련해 주어야 합니다.

정의로운 사회란 구성원 모두에게 복지혜택이 돌아가는 사회입니다. 몇 안 되는 사람들이 부의 대부분을 차지하고 나머지 수많은 사람들이 빈털터리에 가까워지면 긴장과 갈등이 고조될 수밖에 없습니다. 그런 상황이라면 경제는 사회정의를 더더욱 위협하겠지요. 경쟁구조 때문에 불평등이 한층 더 심각해질 테니까요.

하지만 경제계라고 어디 할 말이 없겠습니까? 아마도 경제는 성과주의 원칙을 내세우며 불평등을 합리화하려 들겠지요. 경쟁사회에 있어 능력이 뛰어난 사람이 돈을 더 많이 버는 것이 당연하다면서 말이지요. 성과에 따른 보상이 없다면 열심히 노력하고 과감히 투자해 사회 전체의 발전을 이끌고자 하는 동기 자체가 결핍된다는 주장도 펼칠 것입니다. 문제는 경쟁의 출발점에 각자에게 주어진 기회가 동등하지 않다는 것입니다. 경쟁이 거셀수록, 앞날을 예측하기 어려울수록 패자의 수는 급속도로 늘어난다는 것도 커다란 문제가 아닐 수 없습니다. 하지만 세상을 승자의 세계와 패자의 세계로 양분하는 것은 인간이 평등하다는 이상주의를 침해하는 행위입니다.

그렇다면 이러한 경제에 맞서 사회정의를 실천해야 하는 것은 누구일까요? 그것은 바로 국가와 국민들 모두입니다. 복지국가 구현이야말로 거센 경쟁으로 인한 경제 불평등과 실업 문제를 해결할 열쇠입니다. 많이 가진 자의 재산을 덜 가진 자에게 나눠주는 소득재분배와 극빈층 지원대책 등을 통해 누구도 소외되지 않는 사회를 만들어 나가야 합니다. 경제적 능력이 뛰어난 사람이든 뒤처지는 사람이든 모두가 인간적인 삶을 꾸려나갈 수 있는 환경이 조성되어야 합니다. 또한 국가는 교육지원 등을 통해 경제활동을 할 수 있는 기반을 국민들에게 마련해 주어야 합니다. 나아가 경제활동을 시작한 이후에도 근로자로서, 혹은 고객으로서 기업에 대해 특정 권리를 행사할 수 있는 환경도 조성해 주어야 합니다. '드라큘라 백작' 이 모든 것을 마음대로 주무르게 놓아두면 너무도 위험하니까요.

복지국가의 구성원들은 서로가 서로에게 연대의식을 지닙니다. 얼굴도 알지 못하는 사람들끼리도 말이지요. 복지국가는 극단적 상황에 처한 사람을 방치해서는 안 된다는 의식을 국민들에게 고취시킵니다. 복지국가 구축을 통해 정의사회를 구현한다는 말은 구성원 모두가 남에게 온정을 베푸는 행위와 사회에 대한 책임의식을 최고의 미덕으로 여긴다는 말과 같습니다.

핵심가치로서의 사회정의를 실천한다는 말은 모든 형태의 부당한 차별과 불평등에 맞선다는 뜻입니다. 국가가 나서서 사회정의를 보장하고 신자유주의 경제에 한계선을 그어야 합니다. 경제, 그중에서도 잔인하리만치 냉정한 시장논리는 우리 사회의 차별과 불평등을 심화시켜 왔습니다. 자유에 대한 그릇된 믿음 하에 사회정의를 위협하는가 하면 이기주의와 탐욕을 정당화시키기도 했습니다. 그렇게 볼 때 경제는 차라리 저주라 말할 수 있겠지요.

이번에는 레옹이 승리의 미소를 지으며 아내 소피에게 이제 생각이 달라지지 않았냐고 묻는다. 하지만 소피는 그래도 경제는 축복에 가깝다는 입장을 굽히지 않는다. 아내와의 한바탕 말다툼만은 어떻게는 피하고 싶은 마음에 레옹은 잠자코 TV 쪽으로 다시 고개를 돌린다.

정답은 없다

자유와 사회정의는 우리 사회의 핵심적 가치들입니다. 경제도 이런 가치를 기준으로 평가되지요. 이쯤에서 우리는 경제가 과연 정서적 안정과 삶의 보람을 찾는 행위, 나아가 사회 발전에 어떤 의미를 지니는지 물어봅니다. 답변은 사람에 따라 다를 것입니다. 아니, 다른 정도가 아니라 완전히 정반대의 대답들이 나올 것입니다. 경제가 축복이라는 사람이 있는 반면 경제는 저주에 불과하다는 사람도 있을 테니까요. 각자 자신의 답이 전적으로 옳다고 확신하겠지요. 하지만 한 가지는 분명합니다. 경제에 대해 어떤 시각을 지녔든 간에 경제를 완전히 무시할 수는 없다는 것입니다. 경제가 우리 일상에 미치는 영향력은 실로 어마어마하니까요.

경제는 우리에게 다음과 같이 질문합니다. '당신은 '자유'와 함께 그 속에 포함된 기회와 위기 모두를 기꺼이 받아들

이겠습니까, 아니면 당신을 경제로부터 지켜 줄 '사회정의'를 택하겠습니까? 라고 말이지요.

이번에도 역시 대답은 각자의 몫입니다. 그리고 모두가 같은 답을 하지 않는 한, 경제가 우리 삶에서 지니는 역할에 대한 논쟁도 명쾌하게 결론 나지 않을 것입니다. 그러나 경제를 비판하는 사람들조차도 경제가 주는 편리를 포기하려 들지는 않습니다. 경제적으로 불안한 삶을 원하는 사람은 없으니까요. 시청자 여러분, 우리 모두는 경제적 안정을 꿈꿉니다. 그 대가가 가혹하다는 사람도 있고 당연하다는 사람도 있습니다. 시청자 여러분은 어느 편에 속하십니까?

방송이 끝나자 소피가 레옹을 보며 미소 짓는다. 소피의 눈은 '거 봐요, 내가 뭐랬어, 경제는 축복이라니까!'라는 말을 하고 있는 듯하다. 레옹도 무슨 말을 하려고 입을 떼려던 찰나, '경제, 축복인가 저주인가?'라는 질문에 대한 정답은 없다는 말이 떠올라서 얼른 입을 다물어버린다. 결론도 나지 않을 골치 아픈 입씨름으로 일요일 저녁을 망치고 싶지는 않은 것이다. 그래서 레옹은 두 사람이 그날 저녁을 오붓하게 보낼 수 있는 한 가지 방법을 제안한다. 소피는 와인을 한 병 따자는 남편의 말에 벌써부터 즐거운 표정을 짓는다.

레옹과 소피는 그렇게 와인 잔을 주고받으며 일요일 저녁을 편안히 마감한다. 경제 문제 따위는 잊은 지 벌써 오래이다. 경제만 생각하고 있기에는 우리 인생에 더 아름다운 일들이 너무 많기 때문 아닐까?

에필로그

　독자들과 함께한 경제 여행도 이제 끝을 향한다. 발레리의 해산물 레스토랑, 태국 경제의 성장과 몰락과 재건, 레옹의 일상 등을 둘러보며 우리는 사회적 성공이나 경제적 안정의 원천에 대해 어느 정도 감을 잡았다. 나아가 성공과 안정이 가만히 누워서 기다리는 데도 하늘에서 떨어지는 것이 아니라는 사실도 목도했다.

　경제가 축복인지 저주인지에 대해 열띤 토론에 참가할 수도 있다. 경제가 우리에게 제시하는 각종 도전과 부담과 위험으로부터 자유로운 삶이 훨씬 더 낫다는 사람들도 많을 테고, 경제가 지닌 기회도 좋지만 그 속에 포함된 위험이야말로 경제 최대의 매력이라는 사람도 있을 것이다. 하지만 스트레스가 전혀 없는 데도 불구하고 경제적으로 충분히 안정되었다고 말할 수 있는 사람은 극히 드물다. 경제계에서는 늘 모든 것에 대한 대가를 치러야 한다. 무언가를 주어야 내 수중에도 무언가가 들어오는 것이 바로 경제의 원리이다.

　이제 독자들이 경제의 10가지 기본원리를 바탕으로 각자 자기만의 경제 여행을 떠나기를 바란다. 호기심을 마음껏 발휘한다면 여행은 더더욱 즐거워질 것이다.

　독자들 모두에게 즐겁고 신나는 경제 여행을 기원하는 바이다.

참고문헌

　　경제에 관한 정보는 바닷가의 모래알처럼 수없이 널려 있다. 신문이나 경제 전문 주간지 등은 현재의 동향을 그때그때 신속히 알려주기도 한다. 하지만 그런 정보들은 쉽게 이해하기 어려울 뿐만 아니라 따분하기까지 하다. 그런 의미에서 경제의 바다에 좀 더 깊이 잠수하고자 하는 독자들에게 세 가지 '물안경'을 제안하고자 한다.

　　기업의 내부사정이 베일에 둘러싸인 것처럼 보일 때가 많은데, 직원 혹은 고객의 입장에서 관찰하기 때문에 그런 것이다. 반면 기업가의 눈으로 자세히 들여다보면 그 속에서 벌어지는 일들이 투시경을 통한 것처럼 훤히 들여다보인다. 이 말에 의심이 간다면 한번 상상을 해 보라. 내가 창업주가 되어 기업을 설립하고 경영한다고 생각해 보자. 이때 어떤 점들을 심사숙고하고 어떤 결정을 내려야 이윤을 창출할 수 있을까?

사업 아이디어, 원자재 매입, 생산, 판매, 재정조달, 세금 문제, 인사 문제 등에 대한 고민은 잠 못 이루는 밤을 초래할 수도 있고 행복감을 불러일으킬 수도 있다. 초보자라면 창업에 관한 조언을 주는 서적들이 큰 도움이 될 것이다.

단 하나의 기업이 아니라 경제 전반이 돌아가는 원리를 이해하고 싶은 독자들에게 특별히 권해 주고 싶은 책이 있다. 하버드대학의 그레고리 맨큐 교수가 지은 『경제학의 기본원리』(Principles of Economics, Thomson/South-Western College)(국내에는 '맨큐의 경제학'이라는 제목으로 출간됨 - 옮긴이)라는 책인데, 알찬 정보를 이해하기 쉽게 설명해 놓은 것이 특징이다. 값은 좀 비싸지만 분명 제값을 하고도 남는 책이라 생각된다. '국민경제학 개요'라는 제목으로 출간된 독일어 번역본은 문체가 지루해서 좀처럼 책장이 넘어가지 않는데다가 원서에 실린 컬러

화보까지 빠져서 레이아웃도 심심하기 짝이 없다.

세계화에 대한 전반적 사항들을 간략하게 파악하고 싶다면 '르몽드디플로마티크'에서 발간한 『세계화의 아틀라스』(Atlas der Globalisierung)를 권한다. 이 책은 세계화에 관련된 다양한 주제를 비판적인 시각에서 간략하게 잘 요약해 놓았고 컬러 화보와 도표들까지 더해져 독자들의 흥미를 일으키기에 충분하다. 더 구체적인 통계와 현실을 파악하고 싶다면 다음에 명시된 세계화와 관련된 각종 국제기구의 웹사이트를 참조하기 바란다.

참고 웹사이트

경제 관련 주요 사이트

재정경제부 www.mofe.go.kr

삼성경제연구소 www.seri.org

전국경제인연합회 www.fki.or.kr

LG경제연구원 www.lgeri.com

〈이코노미스트〉 www.economist.com

〈파이낸셜 타임스〉 www.ft.com

〈한국경제신문〉 www.hankyung.com

〈매일경제〉 www.mk.co.kr

〈서울경제신문〉 www.sedaily.com

〈이코노믹리뷰〉 www.ermedia.net

국제기구

국제연합(UN) www.un.org

국제무역개발협의회 www.unctad.org

세계무역기구 www.wto.org

세계보건기구 www.who.int

국제연합교육과학문화기구 www.unesco.org

국제연합아동기금 www.unicef.org

국제통화기금 www.imf.org

세계은행 www.worldbank.org

경제협력개발기구 www.oecd.org

국제노동기구 www.ilo.org

금융거래과세시민연합 www.attac.org

그린피스 www.greenpeace.org

국제사면위원회 www.amnesty.org

용어설명

- **가격:** 가격은 시장에서의 수요와 공급 간의 상관관계에 의해 결정된다. 가격은 기업과 근로자, 나아가 고객 사이에 이뤄지는 모든 활동을 조정하는 중대한 역할을 수행하기도 한다.

- **경쟁:** 수요와 공급을 둘러싼 각 기업의 경쟁은 시장에 출시된 상품이나 서비스의 종류와 거래량, 품질과 가격을 결정한다. 공급자인 기업은 자사의 상품으로 고객들에게 확신을 주기를 원하고, 수요자인 고객은 다양한 기업이 공급하는 상품들 중 마음에 드는 것을 선택할 권리를 지닌다.

- **경제위기:** 투자가 위축되고 소비가 줄어들며 국제교역이 활기를 잃을 경우 우리는 해당 경제가 위기에 봉착했다고 말한다. 경제위기가 도래하면 실업률이 높아지고 빈곤층이 늘어난다.

- **공정거래감독위원회:** 국가기관인 공정거래감독위원회는 시장에서의 공정한 경쟁을 관리·감독하는 기능을 수행한다. 독점기업이 발생하는 것을 방지하고 기업 간의 가격담합을 금지하며 과점업체들이 고객들에게 불리한 결정을 내리지 않는지 감시하는 것이 공정거래감독위원회의 업무이다.

- **과점업체:** 시장에서의 우위를 차지하는 몇몇 과점기업들은 시장에서의 가격과 거래량, 품질을 소비자에게 불리한 방향으로 조종할 수 있다. 석유업계의 대기업 몇몇이 휘발유 가격을 담합하는 것이 그 한 예이다. 하지만 생필품 분야에서처럼 과점업체들 간에 치열한 경쟁이 이뤄지는 경우도 있다.

- **경영자:** 경영자(manager)는 대개 기업경영의 일선에 있는 최고위 간부진을 뜻하지만, 평사원보다 자금과 인력 관리에 더 큰 책임을 지니는 중간 관리자 역시 매니저라 할 수 있다.

- **국제무역:** 국제무역은 교역 당사국의 구매대상이나 판매대상을 전 세계로 확대시키는 기능을 수행한다. 일반적으로 국제무역을 통해 해당국의 경제수준이 높아진다.

- **금융시장:** 금융시장 중 은행은 고객들에게 대출이나 자금증식 서비스를 제공한다. 증권시장은 주식이나 채권, 화폐에 거

금을 투자하여 큰돈을 벌거나 잃을 수 있는 기회를 제공한다.

• **기업가:** 기업가는 기업을 운영하는 사람을 가리키는 말이다. 기업 경영을 책임지는 기업가가 해당 기업의 소유주일 때도 있지만 늘 기업가와 소유주가 늘 일치하는 것은 아니다.

• **대기업:** 일반적으로 직원 수 250인 이상에 연간 매출액이 5천만 유로가 넘는 기업을 대기업이라 부른다.

• **독점업체:** 독점기업은 경쟁에 대한 부담이 없기 때문에 때로는 소비자에게 불리한 방향으로 시장에서의 가격과 거래량, 품질을 마음대로 조정할 수 있다.

• **매출:** 기업이 상품과 서비스를 판매한 결과 발생된 자금의 총액을 매출이라 부른다. 만약 모든 고객이 청구액을 다 지불한다면 기업의 매출과 수입이 동일해진다.

• **복지:** 복지는 여러 가지 얼굴을 지닌다. 의료지원으로부터 시작해 교육지원, 고정수입 보장, 여가선용 기회 제공, 나아가 문화적, 정서적 욕구 충족의 기회까지, 구성원들의 행복을 추구하는 모든 행위가 복지사업에 속한다.

• **부동산:** 노동, 거주, 여가선용에 활용되는 모든 종류의 건물이나 대지가 부동산의 범주에 포함된다.

- **상품(재화):** 청바지처럼 여러 번 입을 수도 있고 한 번 입고 옷장에 보관할 수도 있는 물건이 상품에 속한다.

- **생산요소로서의 노동:** 노동력을 제공함으로써 경제활동에 참여하는 모든 이가 생산요소로서의 노동에 포함된다.

- **생산요소로서의 자본:** 경제활동에 투입되는 자원 중 노동과 전문지식을 제외한 모든 것이 생산요소로서의 자본에 속한다. 이때 해산물 레스토랑에 비치된 테이블보나 냅킨은 물질적 자본이고 기업 경영에 활용되는 컴퓨터프로그램은 비물질적인 자본이다.

- **생산요소로서의 전문지식:** 인간이 경제활동을 하는 데 필요한 모든 기술과 경험이 생산요소로서의 전문지식에 포함된다.

- **서비스(용역):** 휴가여행과 같은 서비스 상품은 특정 장소, 특정 시점에만 누릴 수 있는 것들이다. 그러한 서비스들은 '사용' 한 뒤, 다시 말해 한번 누린 뒤에는 사라진다는 특징을 지닌다.

- **세계화:** 세계화는 우리에게 더 많은 자유와 새로운 기술을 안겨주었고 전 세계를 정치적, 경제적, 문화적으로 더 긴밀하게 묶어주고 있다.

- **소득**: 소득은 근로자나 기업, 혹은 투자자로서 경제활동을 한 결과 벌어들이는 수입을 뜻한다. 나아가 연금도 소득에 포함된다.
- **소비**: 자동차와 같은 상품 혹은 휴가여행 같은 서비스가 소비의 대상이 된다. 소비에 필요한 돈은 은행대출이나 저축액, 혹은 소득으로 충당된다.
- **수입**: 수입(收入)이란 재화나 용역을 판매한 결과로 기업에 유입되는 자금을 뜻한다.
- **수입**: 한 국가가 상품이나 서비스를 해외로 사들이는 것을 수입(輸入)이라 한다.
- **수출**: 한 국가가 상품이나 서비스를 해외로 판매하는 것을 수출이라 한다.
- **시장**: 재화와 용역의 가격은 시장에서의 수요와 공급 간의 상관관계를 통해 결정된다. 시장에서의 수요와 공급 관계가 변하면 가격도 변하는데 이러한 가격변화야말로 경제활동 전반에 대한 최고의 조정관이라 할 수 있다.
- **신자유주의**: 자유, 개인의 능력, 시장개방, 세계화에 대해 강한 믿음을 지닌 경제 사조를 일컫는 말이다.

- **이윤:** 기업으로 유입된 모든 자금 중 경비를 차감한 실질 이
  득을 이윤이라 부른다. 개인도 자본투자나 투기를 통해 이윤
  을 창출할 수 있다.

- **이자:** 대출을 받은 고객에게 은행이 원금 외에 청구하는 금액
  을 이자라 부른다. 채권 등에 자금을 투자한 결과, 원금 외에
  발생하는 이윤도 이자라 부른다.

- **인플레이션(통화팽창):** 국내에 유통되는 대부분의 상품과 서
  비스의 값이 오르면서 물가가 전반적으로 상승하고, 이로 인
  해 화폐의 가치가 떨어지는 것을 인플레이션이라 한다.

- **주식:** 주식을 매입함으로써 해당 기업의 공동 소유자가 된다.
  기업이 이윤을 남길 경우 배당금이라는 보너스가 주어지고,
  시세가 상승할 때에는 차익을 남기고 증권시장에 내다팔 수
  도 있다.

- **중소기업:** 일반적으로 직원 수 250인 이하에 연간 매출액이 5
  천만 유로를 넘지 않는 기업을 중소기업이라 부른다. 중소기
  업이 전체 기업의 99퍼센트 이상인 나라가 대부분이다.

- **중앙은행:** 중앙은행은 정부 산하의 기관으로 대출금리 인상
  등의 대책으로 인플레이션을 방지한다. 반면 중앙은행이 대

출금리를 인하하면 경제성장 효과를 기대할 수 있다.

• **증권시장**: 증권시장은 투자 목적으로 주식과 채권, 혹은 화폐를 사고파는 곳이다. 그러나 꽃가게에서 파는 꽃과는 달리 증시에서 거래되는 상품은 매도자와 매수자 간에 물리적으로 오가지 않는다. 증권시장에서는 눈에 보이지 않는 추상적 거래가 순식간에 일어난다.

• **지출**: 협력업체에 지불할 대금, 직원들의 임금, 세금, 대출이자 등 지출은 기업에서 외부로 나가는 자금을 의미한다. 개인도 일상생활 속에서 자금을 지출한다.

• **채권**: 채권을 구매하는 것은 기업이나 국가에게 자금을 대출해 주고 주기적으로 이자를 지급받는 것이다. 채권시세가 상승할 때에는 차익을 남기고 채권을 증권시장에 내다팔 수 있다.

• **카르텔(가격담합)**: 몇몇 기업이 고객이나 다른 기업, 혹은 다른 국가에 불리한 쪽으로 가격을 합의하는 불법 행위를 카르텔이라 부른다.

• **투기**: 장차 가치가 상승하여 더 비싼 값에 되팔 것을 기대하며 주식이나 채권, 혹은 부동산을 사들이는 것을 투기라 부른

다. 예컨대 해산물 레스토랑에 투자를 할 경우 필요한 자본을 대고도 직접 열심히 뛰어야 하는 반면 투기를 할 때에는 필요한 자본에 두둑한 배짱만 있으면 된다는 점이 투자와 투기의 차이점이다.

- **투자:** 사람들은 장차 많은 돈을 벌 것이라는 기대 하에 자본시장이나 레스토랑, 혹은 기계 등에 투자한다. 투자에 필요한 자본은 대개 은행대출이나 저축액, 혹은 소득으로 충당된다.

- **호황:** 기업의 투자, 국민들의 소비 그리고 국제교역을 통해 경제가 성장하는 것을 호황이라 부른다. 호황기에는 고용도 창출되고 생활수준도 높아진다.

쉽고 재미있게 배우는 살아 있는 경제원리

싱싱 경제학

초판 1쇄 인쇄   2007년 4월 15일
초판 1쇄 발행   2007년 4월 20일

지은이   첸로 청
옮긴이   강희진
펴낸이   성의현
펴낸곳   미래의창

등   록   제 10-1962(2000년 5월 3일)
주   소   서울시 마포구 서교동 395-179 미르빌딩 5층
전   화   325-7556(편집), 338-5175(영업)
팩   스   338-5140
홈페이지   http://www. miraebook.co.kr
이메일   miraebook@chol.com

ISBN 978-89-5989-061-3   (03320)